U0733615

HaFo Jiao WoDe SiKaoWuQi

哈佛教我的
思考武器
从商业计划到成功创业

ハーバードで学び、私が実践したビジネスプラン

〔日〕岩濑 大辅◎著　孔霈◎译

民主与建设出版社
Democracy & Construction Publishing House

图书在版编目（CIP）数据

哈佛教我的思考武器：从商业计划到成功创业 /
(日) 岩濑 大辅著；孔霈译. -- 北京：民主与建设出版
社, 2016.7
　　ISBN 978-7-5139-1179-5

　　Ⅰ.①哈…　Ⅱ.①岩…　②孔…　Ⅲ.①企业管理
Ⅳ.①F270

中国版本图书馆CIP数据核字(2016)第144954号

© 民主与建设出版社，2016

著作权合同登记号：图字：01-2016-5504
HARVARD DE MANABI, WATASHI GA JISSEN SHITA BUSINESS PLAN

© Daisuke Iwase 2013
All rights reserved.
Original Japanese edition published by PHP Institute, Inc.
This Simplified Chinese edition published by arrangement with
PHP Institute, Inc., Tokyo in care of Tuttle-Mori Agency, Inc., Tokyo
through GW Culture Communications Co., Ltd., Beijing

哈佛教我的思考武器：从商业计划到成功创业
HAFO JIAO WODE SIKAOWUQI:CONG SHANGYEJIHUA DAO CHENGGONGCHUANGYE

出 版 人	许久文
著　　者	岩濑 大辅
责任编辑	李保华
封面设计	仙　境
出版发行	民主与建设出版社有限责任公司
电　　话	（010）59417747　59419778
社　　址	北京市朝阳区阜通东大街融科望京中心B座601室
邮　　编	100102
印　　刷	廊坊市华北石油华星印务有限公司
版　　次	2016年10月第1版　2016年10月第1次印刷
开　　本	880×1280mm　1/32
印　　张	6.25
字　　数	60千字
书　　号	ISBN 978-7-5139-1179-5
定　　价	32.80元

注：如有印、装质量问题，请与出版社联系。

序一　哈佛带给我的商业机遇

2006 年 7 月，在一栋 3 家风险投资企业入驻的只有 8 个座位的杂居写字楼的房间里，我们开始了自 1934 年以来第一家个人生命保险公司的创办筹备工作。开始时仅有当时年已 58 岁的出口治明和 30 岁的我们两个人。

三个月后，诞生了成为"LifeNet 生命"前身的筹备公司。从那时起至今已经历了将近 4 年时间，回想起来，不禁十分感慨对于风险投资企业来说最重要的还是"人和"。

人们对风险投资企业，似乎有一种根深蒂固的印象，认为它是以强烈的个人意志为发端而成立的。这当然有一定的道理，但仅凭此并不能取得商业上的成功。

无论拥有多么优秀的商业创意，无论个人能力多么突出，如果不能凝聚周围的人去进行实践，那就什么也做不成。

汇聚有思想共鸣的人，思考并付诸实践。有这些汇聚起来的人才，就可以使事业运转起来，实现风险投资企业最初的振兴。

人与人的相遇是偶然的。这种偶然会很大程度上改变自己的未来。这个新的生命保险公司的诞生，也开始于我与出口君的偶然相遇。

2006年1月，我临时回国。几个月后，我将从哈佛商学院（HBS）毕业。当时，朋友向临时回国在东京的我介绍了一位投资家。他正是热心读过我留学时代写的博客"哈佛留学记"的 Asuka Asset Management Co., Ltd 的 CEO 谷家卫先生。谷家先生作为外资证券公司的交易商而活跃，之后成为运营对冲基金和出资风险投资企业的著名投资家。他成为了我与 LifeNet 生命的现任社长、我最好的合作伙伴出口治明的联系纽带，也是在成立全新形式的生命保险公司时，最先决定出资的人。

2006年4月，再次临时回国的我，匆忙赶往与谷家先生商谈的会场。在那里，我与出口第一次相识。出口担任日本生命保险伦敦当地法人社长、国际业务部长等职务，是活跃在生保界的专家。他在会上滔滔不绝地阐述了自己一直在思考的"网络生保"这一商业形式。

由于被为何现在需要新的生命保险公司这一想法和从零开始创办生命保险公司的大胆创意与热忱所感染，我产生了"想与此人一同工作"的强烈愿望。

我想必须重视偶然的相遇或联系，以及我的直觉。成为与谷家先生相遇契机的博客，是我想着"这是难得的留学机会，应该写下生活记录"而偶然开始写的。这篇博客碰巧被谷家先生看到，而我在临时回国时，与学长商量今后打算，学长说"给你介绍一位有趣的投资家"，因而得到了相遇的机会。

后来听说，出口与谷家先生的相遇也是偶然的。谷家先生想要寻找"本应成为大保险公司社长，但却没有当上的人"，来作为创立新的保险事业的人才。在找熟人商量时，其他保险公司的元老介绍了"一个完全符合的人"，这就是出口。

而出口向谷家先生提出的对"合作伙伴"的要求完全符合我的情况。他说"想与完全不了解保险的年轻人一起共创事业"。

就这样，从我与出口相遇到 LifeNet 生命的诞生，几件事情偶然地重合，完全像是被吸引到一起一样，成为了一体。我想很多风险投资企业或新事业，一定都不是"必然"构筑起来的，而是偶然重叠而成的吧。

"热忱"和"逻辑"

但是，无论有多少偶然的重叠，仅有热忱和志向，并不能凝聚人才使事业取得成功。如果只有热情，会有空有志向和想法，而最终只能是一场梦的危险。真正意义上的"凝聚人心"，是指以热忱和热情阐述事业实现可能性的程度，还需要能够说服别人的逻辑。

与出口初次相遇时，他在会上阐述的"网络生保"的构想，不知不觉间嵌入了我学习过的体系中，并与我思考过的条件完全吻合。其详情将在 Note1 中解说。那么，新事业取得巨大飞跃的条件是：

①市场巨大；

②市场存在大的低效状况；

③存在技术突破、制度缓和等环境变化；

他的构想完全符合这些条件。进一步来说，根据制度的要求，生命保险的加入门槛很高，但如果能突破加入壁垒，在之后的竞争中就可以朝着有利的方向发展。在这一点上，这是非常有魅力的事业。

但是，无论集合了多少能够成为成功的风险投资的条件，如果缺少"热忱"和"逻辑"，也只能以纸上谈兵而告终。

"LifeNet生命"的开始，起于出口的热忱而引发了我的共鸣，将迄今为止所学到的逻辑运用于创立商业计划，这便是我迈出的第一步。

为了向别人传达热情和实现可能性的"商业计划"。正是这个计划，成为凝聚人、吸引人，将想法付诸现实的原动力。

132 亿零 20 万日元

成立"LifeNet 生命"的准备室时，资金的筹集，最初是从明日香 DBJ 投资事业有限责任组合和 Monex Group Inc 作为股东各出资 5000 万日元，总额 1 亿日元开始的。而现在，股东有 17 家公司——Monex Group Inc、政策投资银行的基金，明日香 DBJ 投资事业有限责任公司、三井物产、新生银行、Seven Financial Group、Recruit Holdings Co.,Ltd.、朝日 Net、旧金山的对冲基金 Farallon Capital Management`L.L.C、GLOBIS CAPITAL PARTNERS、The University of Tokyo Edge Capital Co.,Ltd.， 和其他国内的机构投资者。

从与出口制定事业计划的 2006 年 10 月起，经过约一年时间，到 2007 年 12 月，由明日香 DBJ 和 Monex Group Inc，再加上新生银行、Recruit Holdings Co.,Ltd.、Seven Financial Group、三井物产的出资，增资达到 80 亿日元。之后，出资者继续增加，最终增资达到了 132 亿零 20 万日元。

至今仍有人会很钦佩"融资很成功"。我想这还是因为商业计划中所饱含的热忱与逻辑，这两极相互作用产生的效果能够打动人心的缘故。

商业计划打动人

一年半筹集的金额，总数为 132 亿零 20 万日元。为何可以在 1 年半这样的短时间内筹集这么多钱呢？

现社长出口所描绘出的网络生保创意的有趣以及明确的可能性也是其中一个要素。

另外，正因为有在各个方面给予建议的谷家卫先生和出资公司 Monex Group Inc 社长兼 CEO 的松本大先生的信誉，给予了我们可以展示的契机。这也是一个要素。但仅有这些并不能成为取得如此巨额出资的决定性因素，当然也无法取得很多人的协助。

我想最重要的还是因为拥有让对方认为"可以拿出以亿为单位的金钱"的商业计划，并以此为基础制作出了展示资料。

当然，筹集 132 亿日元的资金并不容易。展示资料中，包括彻底的分析结果和假设，再加上锁定目标的具体的商业计划和饱满的热情，于是取得了设立新的生命保险公司的资金，召集了赞同我们的热忱的合作者。

效果不仅是这些，还在于获得了共同尝试新挑战的同伴。

我想这还是因为有传达热情和实现方法的商业计划的缘故。将热情和逻辑"可视化"，这样就可以召集同伴了。以此资料为发端，成为打动自己，进一步打动周围的人的能量。

这个商业计划不仅是为了筹集风险投资企业和新事业的资金，而且是聚集了任何商务人士都可利用的精华。如能作为公司创立新事业时制作商业计划使用的资料时常带在身边，我则无比荣幸。

而我相信，如果理解了说服上司的必要性和流程，然后满怀热情地去挑战，就可以创立新的事业。

无论什么事业，凭一己之力都不可能成功。我得到了很多企业、前辈、友人的支持。说创立 LifeNet 生命这个企业的全部过程都包含在此商业计划中也不为过。

本书如下页图 1 所示，将从"事业机会的发现"到"市场分析""公司的战略""财务战略和组织体系""领导力和职业论"，将新事业所必要的知识阶段分为五章来进行解说。

本文记录了我实际使用的对各企业进行说明的商业计划。风险投资的精神，应该是存在于每个人心中的。从这本书入手开始，希望可以改变大家明天的命运。

图 1 本书的结构

```
┌─────────────────┐
│      第一章       │
│     寻找商机       │
└─────────────────┘
         ↓
┌─────────────────┐
│      第二章       │
│     市场分析       │
└─────────────────┘
         ↓
┌─────────────────┐
│      第三章       │
│     公司战略       │
└─────────────────┘
         ↓
┌─────────────────┐
│      第四章       │
│  财务战略和组织体系  │
└─────────────────┘
         ↓
┌─────────────────┐
│      第五章       │
│   领导力和职业论    │
└─────────────────┘
```

序二　给个人改变社会的契机

这是在达沃斯论坛期间参加午餐会时候的事情。当时世界知名保险公司的经营高层们齐聚一堂，其中一个出席者说了下面这句话：

You guys have cracked the code.（你们已经破解了密码）

密码是指生命保险的销售方式已经由面对面销售变为网络销售这一时代的变化。出席者所讲的这句话的意思是指"你们开始网络生保是没错的"。

这是日本最初的网络专业生命保险的创业。因为这是谁都没做过的事情，所以即使自认为正确，周围也会投来"真的可以顺利进行吗？"这样半信半疑的目光。因此，他的话让我感到倍受鼓舞。

　　大概，在日本解读出此"密码"的不只是我们吧。如果在网络上销售生命保险，一定会成功。能够意识到这件事的人，在网络界、保险界应该有很多。

　　但谁也没有真的想开始去做。LifeNet 生命于 2008 年 5 月开始营业，但我想保险业与其他行业相比，进入网络是很晚的。当时，世间的大部分东西都已经可以在网络上买到。也有消费者对为何只有保险至今仍以面对面销售作为主流而感到很不可思议。

　　作为时隔 74 年成立的个人生命保险公司，认知度和信用完全从零开始，到现在的 2013 年 3 月，得到了保有契约 16 万件的好评。另外，与保有契约件数的增加成正比，保险金、赔偿金的支付也已累计达到 2960 件。

　　在多有"复杂""难度大""贵""不便"等评价的生命保险行业，我们彻底地以提供简单易懂、便宜便利的商品"服务"之理念去对应消费者的期待，给生命保险行业全部商品的简单化和保险费的低价格化以及信息的公开带来了变化，并引以为傲。

　　我们和客户，都是一样的生活者——这是 LifeNet 生命的宣言，也是重要的行动指针。想在晚上或周末有时间的时候进行商谈，不想在电话里被踢皮球，等待的时间越少越好，希望不要使用术语。我们将顾及人们的这一个个理所当然的感受，今后也将会继续有求必应。

本书在 2010 年 11 月，以《筹集了 132 亿日元的商业计划》为题发行了单行本。在日本经济走入歧路的今天，希望能为以商务人士为首的读者提供参考，因而重新修订作为新书再次发行。

在如此纷乱的时代，如能为个人提供改变社会的契机，作为著者将感到无比荣幸。

2013 年 3 月

岩濑 大辅

目　录

第一章　寻找商机

不是自己"能做的事情"，而是世间"寻求的事情"

第二章　市场分析

彻底了解顾客，能够浮现出人物的画像

第三章　公司战略

不以 100% 满足客户的需求为目标

第四章　财务战略和组织体系

企业的资金周转

第五章　领导力和职业论

构筑"自己"这个品牌

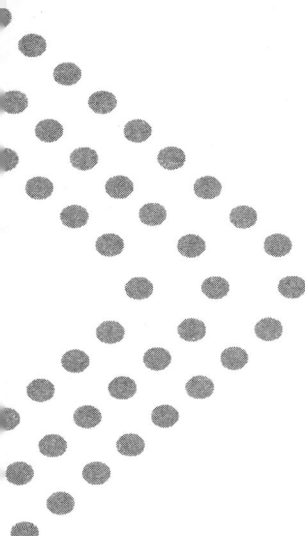

第一章　寻找商机

不是自己"能做的事情"，而是世间"寻求的事情"

什么是"创业家精神"

对我的想法有很大影响的是 MBA 留学时学到的"创业精神的定义"。

这就是"自己可以使用的人才、物品、金钱这些经营资源的制约一旦被撤掉，那么就只去考虑'什么是世间所寻求的东西呢'，之后人才、物品、金钱便会随之而来"。正所谓是从"资源驱使"的想法到"机会驱使"的想法的转换。这非常重要。而我们在不知不觉中，常常容易从"现在的我能做什么"这一观点开始去思考事业的创意。

我为了取得 MBA 而留学时，试着考虑过几个事业。比如，"提供便宜的翻译服务""使用 e 时代学习的新的 MBA 教育事业"。当我从自己能够想到的环境出发时，脑海中就无法浮现出能够有大发展的事业。飞跃式的商业创意，很多情况下都产生于与自己的经验相矛盾的理想和现实的夹缝之中。

什么是创业精神?

"现在不受自己所控的经营资源的制约，执拗地追求新的事业机会"(Relentless pursuit of opportunity beyond resources currently controlled)

→首先是不受任何制约，从"世间寻求的是什么"这一点来开始创意，在一张白纸上开始描绘理想状态。如果是真正必要的，那之后人才、物品、金钱都会随之而来。

其中，一旦撤去所有制约，完全以顾客的视点、市场的视点来思考，那么第一次就会萌生出大的事业创意。这次，我与出口二人创立新的生命保险公司所必须的人才、物品、金钱全都不足。拥有的只是"社会期待真正好的生命保险公司出现"这一坚定的信念。

实际上，无论在 MBA 中学习了多少商务知识，只以理论去思考新的商业创意，是想不出多么动人心弦的事业的。

理想的生命保险公司的设立，是由和我创业的合作伙伴出口，在生命保险行业工作了35年以上，对自己思考的"应有的姿态"和现实中保险行业之矛盾的巨大鸿沟感到近乎愤慨的热切思虑中产生的。

出口是从写出图 2- ①、②（见 P7、P8）所示的现实和理想的鸿沟开始的。鸿沟越大，创业的能量越大，理想越大，对社会来说越能产生新的价值。

风险投资成长壮大的三个条件

无论是风险投资企业还是成熟企业，为了创造新事业，需要有新的创意，筹集实行所需的经营资源来运行项目。

正如刚才所说的，新事业的创意不是简简单单就能浮现出来的，但是会有提示。

我在哈佛商学院学到了作为"风险投资成长壮大的三个条件"：

①"以大家在日常生活中都在做的事情为对象"→市场巨大；

②"以多数人感到不便或麻烦的事情为对象"→市场存在大的低效状况；

③"可以消除不便和麻烦的新的解决方案的事情"→存在技术突破、制度缓和等环境变化。

图2-①◎我们的商业模式绝对正确。而另一方面,现实的壁垒森严。

商业模式（理念上）绝对正确

◎以高保险费（额外35%～50%）为前提,大型生保必须确保低效率的销售渠道（生保营业员、代理店）。

◎直营的公司也依赖于投入大量资金的电视广告和报纸全版广告。

◎生保商品的"负面"印象（纠缠不休的销售、过剩的信息→与之相比缺少比较信息、复杂难懂的商品）。

◎金融厅应该也对无价格竞争的现存生保的保守性感到不快。

◎遗留软件系统明显超过耐用年限。

◎毋庸置疑,网络化的销售渠道,便宜的附加保险费,成本公开的简单的生保商品符合时代的需求。

⬇

但现实的壁垒森严令人无计可施

◎即使是美国企业也不擅长网络销售。

◎保险需求是潜在的,销售时初次将需求表面化。这一根深蒂固的常识（神话）广泛流传。

◎现实中浏览生保的网页的人只有一个月12万次。

◎现实的保险商品多样化（能想出来的创意基本都已经有了）,难于进行商品的差别化。

◎因为保险是长期的金融商品,"安心"（大型企业）这个要素极其重要,风险投资企业难被认可。

◎这样一来,如果没有飞跃（跳跃、掀起波澜）,则此商业模式难于成功。

◎而且,如果以低附加保险费为前提,钱就无法使用。

现状的延长线上没有未来

⬇

飞跃、上一个台阶才能产生商机

现社长出口将头脑中已有的构想写在 Word 上,只是单纯列出了资料。因为对巨大市场的流程进行确切的叙述,对问题点的指出,和对改善点以及有怎样的解决方法的进一步解说都是具体的,也具有可操作性,因此传达了对新事业的热情。

比起漠然的叙述,举出具体例子而进行说服则更能体现认真的态度,从而将热忱传达出去。

图2- ②◎市场环境发生巨变，积了对传统型保险的不满

生保周围环境的"现在"和"将来"

现在		将来
上涨的高度成长经济（高预定利率）	➡	成熟经济和低利息
人口增加和平均寿命的延长（死差益的好转）	➡	少子高龄化的进展
全职主妇的存在（高的死亡保障需求）	➡	女性进入社会的扩大化（死亡保障需要的缩小）
生保营业员的强力销售渠道	➡	平均两三年交替的剧烈新陈代谢
高储蓄性	➡	储蓄率的低下

⬇

支撑生保行业的前提条件持续巨变

对传统型生保的消费者之声

"我认为日本的保险，也许因为一直以来的商业习惯，各公司都是相似的形式。复杂难懂，不懂的人想买十分困难。即使想比较几家公司的宣传册，也不能得到想要的信息而十分焦躁。"
（30多岁男性·已婚）

"纠缠不休的保险推销员、过剩的电视广告，现在的保险真的能被人接受吗，实在令人厌烦。"
（30多岁女性·已婚）

"像我这样的单身，没有时间与保险推销员慢慢交谈，如果在网络上就能很容易地明白服务内容，就完全没有问题了。"
（20多岁男性·单身）

⬇

对现有保险不满的呼声很高

对比保险周围环境的"现在"和"将来"，就能明白市场会如何变化。进一步来说，这是记录了消费者对传统型保险看法的真实信息。同时也表明了对市场的不满和需要改善的问题。

从初见出口听到设立新的生命保险公司的构想开始，想法就在不知不觉中符合了"成长壮大的风险投资的三个条件"。之后确信在生命保险行业能够创造大的风险投资。

首先，市场巨大。虽不太为人所知，但生命保险行业的年度保险费收入超过40万亿日元，这是非常巨大的市场（※加上民间生保中简保、互助等的数字）。

这不是陈旧的数字，而是每年的流动数字。我第一次从出口那里听说的时候，被这些数字震惊了。

假如10年后能取得1%的份额，保险费收入就是4000亿日元。如此巨大的市场，可见隐藏着巨大的商机。

其次，市场存在严重的低效状况。我自己曾经参加过生命保险，听了好几次说明也还是不太明白商品内容，对强硬的销售风格也没有什么好印象。问问熟人和朋友，都是一样的印象。另外，生命保险公司会根据商品种类收取3～6成的手续费。保险费水平与国外相比要高。深入思考一下这样的环境，就能知道创立商品简单明了、保险费便宜且能发挥顾客能动性而主动选择去加入的保险公司，一定会得到顾客的支持。

最后，制度缓和而带来的市场环境的变化。战后持续了近50年的由"保险推销员"进行的一个公司专属的销售模式，一点一点发生了变化。

迄今为止由当局决定的保险费标准，也由于制度缓和而加大了委托给保险公司酌情处理的部分。也就是说，价格竞争成为可能。而且宽带环境和网络金融交易的普及，也成为很大的有利因素。

由此可以判断，借助这些市场环境变化的东风，如果能够创立新的符合消费者意向的，换言之也是自己所希望的生命保险公司，一定会创造巨大的社会价值。

进一步来说，生命保险行业除了这三个简单的条件，加入壁垒高这一点也是对风险投资来说很大的有利之处。虽然取得生命保险行业的执照并不容易，可一旦进入这个行业，在某种程度上来说，是会受到防止过当竞争的保护的。

因为上述理由，我认为新的生命保险公司的创立隐藏着很大的可能性。而且上述架构，也可以成为投资家今后开始行动的依据，虽然简单，却是非常稳固的理论结构。

正确的 "So What" 作出优秀的工作计划

要巩固商业计划的要点，使其变为现实，首先要从制作把握项目整体情况的工作计划开始。其中必要的工作是分析市场和竞争，准确把握自己公司的定位。我在刚毕业时加入的咨询公司，最初的工作就是制作项目工作计划。

"5 年后的行业如何变化，今后 5 年间这个企业在战略上应该如何推进事业。"工作就是对这样长期的、模糊的问题，在三四个月的短期的项目时间里进行回答。比如，将三个月的项目时间分为前半部分和后半部分，前半部分调查市场和其他竞争公司，进一步整理自己公司的强项、弱项，后半部分根据这些分析，构筑自己公司应该采取的战略。划分时间，从各个视点解读数据，进行仔细分析，从而一点一点把握现状，明确自己公司应该选择的战略。

为了制作优秀的工作计划，正确的设立问题的方法"So What"非常重要。

找到正确的"So What"后，能够对找出答案进行帮助的，是假设和验证的技巧。

为了制作优秀的工作计划，极其重要的是认清论点、假设以及为了验证而进行的行动。进一步来说，论点必须是具体到能够用 Yes、No 来回答的。

比如 LifeNet 生命的情况，论点是"生命保险能否以非面对面形式销售"，假设是"非面对面形式销售的份额应该有所增长"，进一步进行验证的行动则是数据分析或问卷调查。

先将论点和假设、行动的创意，按照想法写下来。但是在没有设计任何架构的情况下得出的创意会有很多遗漏或重叠的地方，或者一些细节没有得出具体的创意。消除这种白费功夫的情况，更加高效的导出要素的工具就是体制。

比如，我想你可能听说过 MECE 分析法这个词语。商务书籍中多有采用，但最初这是咨询顾问用语。

这是"Mutually Exclusive Collectively Exhaustive"的简称，是为了不遗漏、不重叠的得出创意的体制。我也想介绍其他在实际中能够灵活运用的体制，但首先，请先看一下图 3-①中作为商业计划基础的记录项目总体情况的表格。

我最初写在商业计划上的，就是这个为了能够理解总体情况而做的表格。

　　在实际制作推进事业的计划时，必须提炼论点，设计高效的架构。深入考虑"什么是本质的论点"。如果能够提出正确的问题，设计正确的行动方法，项目成功的可能性就大为提高。

制作工作焦点图，分析行业总体情况

想要花时间在新事业的调查上，那花多少也不够。因此，当初将工作聚焦是非常重要的。此时的重要观点是，"是否能与之后的行动相联系"。

将调查自我目的化，也就是说，并不是作为一个被消费掉的"流程"的工作，而是将全部的工作当作新事业的"资产"。

如果不能在新事业中看清应该投入精力的纲要，提炼出工作的焦点要点，就无法将有限的人才和资金使事业运转起来。也会有这样的问题，只将工作内容或流程列出来，是无法向对方传达要如何进行工作的。在为数众多的工作中，必须要说明重视哪一点，工作的焦点在哪里。于是制作了图 3-②工作焦点图。

另外，有坚实的理论结构就可以初次作出工作日程。成立准备公司时最初的 1 个月，是打下今后工作基础的重要时期。那时，制作了资料来说明怎样进行工作，为了战略推进怎样进行准备（图 3-③）。

图 3- ①◎项目的总体情况

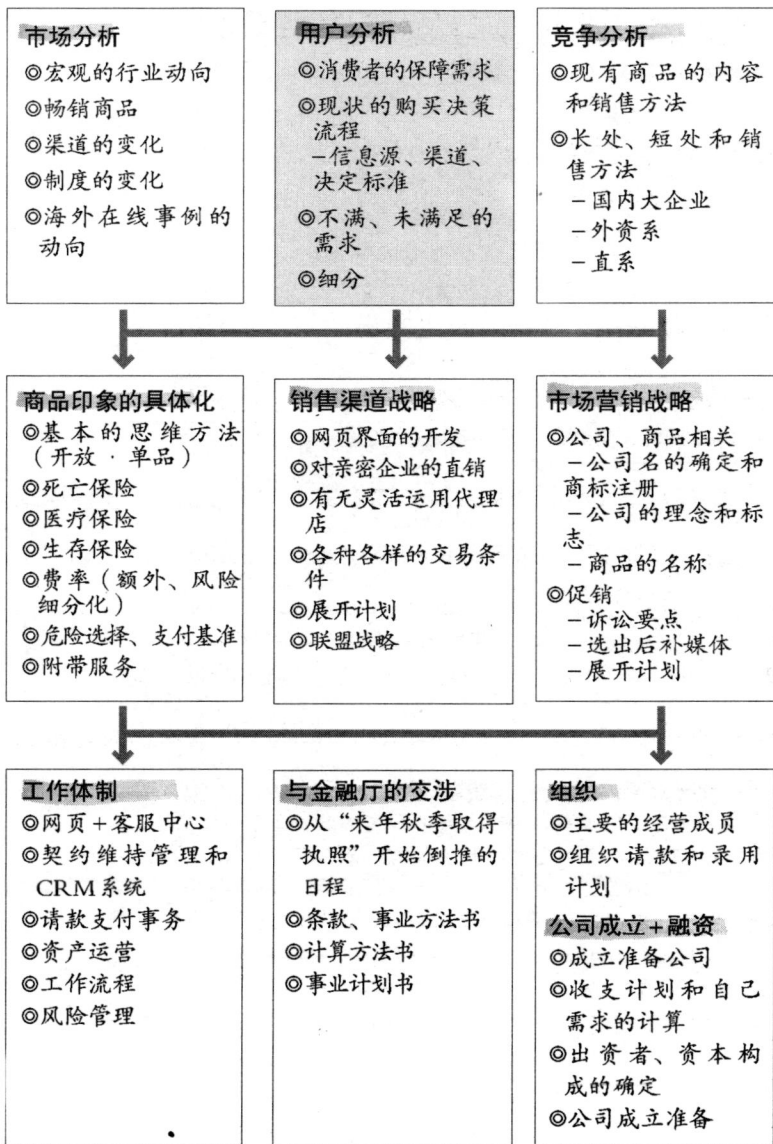

市场分析
◎宏观的行业动向
◎畅销商品
◎渠道的变化
◎制度的变化
◎海外在线事例的动向

用户分析
◎消费者的保障需求
◎现状的购买决策流程
　－信息源、渠道、决定标准
◎不满、未满足的需求
◎细分

竞争分析
◎现有商品的内容和销售方法
◎长处、短处和销售方法
　－国内大企业
　－外资系
　－直系

商品印象的具体化
◎基本的思维方法（开放·单品）
◎死亡保险
◎医疗保险
◎生存保险
◎费率（额外、风险细分化）
◎危险选择、支付基准
◎附带服务

销售渠道战略
◎网页界面的开发
◎对亲密企业的直销
◎有无灵活运用代理店
◎各种各样的交易条件
◎展开计划
◎联盟战略

市场营销战略
◎公司、商品相关
　－公司名的确定和商标注册
　－公司的理念和标志
　－商品的名称
◎促销
　－诉讼要点
　－选出后补媒体
　－展开计划

工作体制
◎网页＋客服中心
◎契约维持管理和CRM系统
◎请款支付事务
◎资产运营
◎工作流程
◎风险管理

与金融厅的交涉
◎从"来年秋季取得执照"开始倒推的日程
◎条款、事业方法书
◎计算方法书
◎事业计划书

组织
◎主要的经营成员
◎组织请款和录用计划

公司成立＋融资
◎成立准备公司
◎收支计划和自己需求的计算
◎出资者、资本构成的确定
◎公司成立准备

图 3- ② 工作焦点图

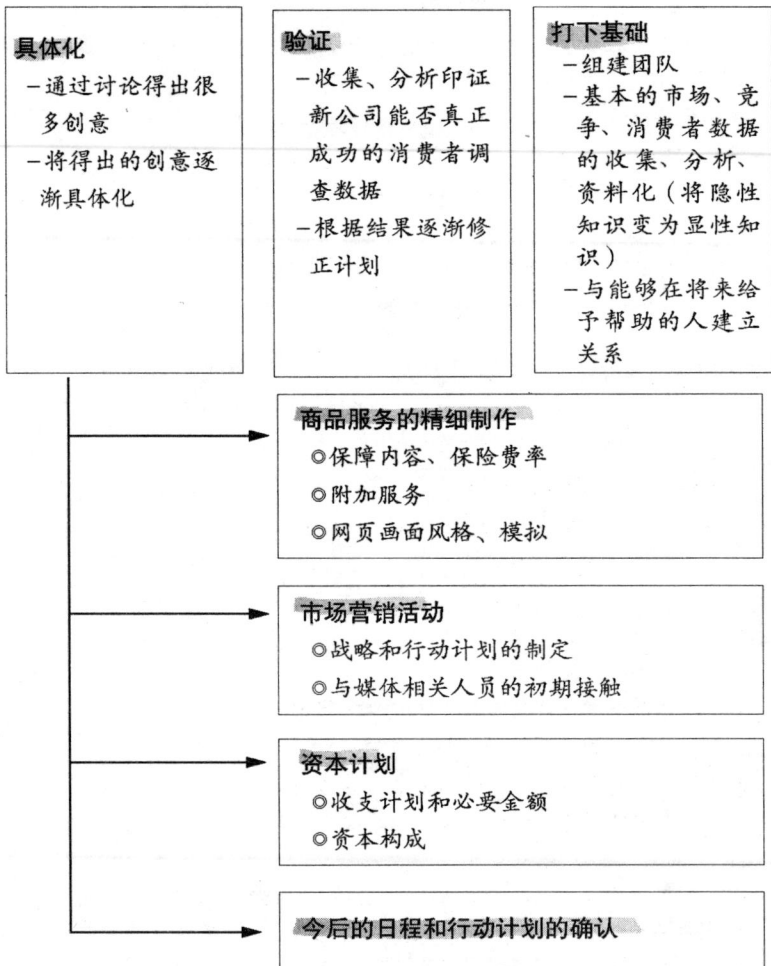

具体化

- 通过讨论得出很多创意
- 将得出的创意逐渐具体化

验证

- 收集、分析印证新公司能否真正成功的消费者调查数据
- 根据结果逐渐修正计划

打下基础

- 组建团队
- 基本的市场、竞争、消费者数据的收集、分析、资料化（将隐性知识变为显性知识）
- 与能够在将来给予帮助的人建立关系

商品服务的精细制作

◎ 保障内容、保险费率

◎ 附加服务

◎ 网页画面风格、模拟

市场营销活动

◎ 战略和行动计划的制定

◎ 与媒体相关人员的初期接触

资本计划

◎ 收支计划和必要金额

◎ 资本构成

今后的日程和行动计划的确认

图3-③◎最初1个月的主要工作内容

◎**市场和竞争的动向调查**

- 市场数据的确认、关于最新动向的新闻检索
- 通过对其他竞争公司的资料索取、从营业职员处进行销售体验

◎**与各领域行业专家的讨论**

- 与网页市场营销、消费品市场营销专家讨论创意
- 与熟识的媒体相关人员进行初期接触
- 与后补合作伙伴的初期讨论

◎**海外在线生保事例的研究**

- 根据FACTIVA等数据库进行新闻检索
- 对行业相关人员进行邮件、电话访问

◎**消费者需求调查**

- 其他复数公众消费者的调查也作为参考
- 实施个人的网页问卷调查（回答者80名）
- 对回答者进行个别电话访问（15名）
- 焦点组访问（4名×2小时×1次）

◎**开始制作网页、保障额模拟软件的模型[1]**

---

① 这里是指模拟计算的软件，模拟计算保费和赔付等。——译者注

借鉴各领域专家的意见

下面，要借助各领域专家们的创意了。专家毕竟是专家，会给予我们一些怎么想也想不到的创意和启示。

在 LifeNet 生命的准备阶段，我与网页市场营销、消费品市场营销、IT 技术、媒体、金融厅等关系密切领域的专家们进行了反复讨论。

将得到的启示，展示资料所必须的精华，以及和谁进行过讨论的轨迹制作成资料（图 4）。

如上所述，从制作把握项目总体情况的工作计划开始，制作工作焦点图以及反映工作内容的资料，描绘了最初的宏观图像。

图 4 ◎与各领域专家的讨论内容

企业	职务（当时）	名字（敬称略）	注释
网页市场营销的专家			
GREE	代表取缔役社长	田中良和	以用户30万人为傲的SSN大型企业。与KDDI合作。笔者的友人。
博报堂	i-商务中心制作人	大久保郁织	博报堂公司内部少数的，特化为网页市场营销的制作人。也运营人气网页"OL美食特搜队"。笔者的友人。
Venture Republic Inc.	代表取缔役社长	柴田启	拥有400万人用户的价格比较网页的社长。笔者的HBS学长。
Wakuwaku经济研究所	代表合作伙伴	保田隆明	熟悉博客市场营销的动向。执笔外行也能看懂的金融书籍。经常出现在媒体上。笔者的友人。
So-net	取缔役执行董事经营企划担当	十时裕树	创立索尼银行的中心人物。由明日香DBJ介绍。
消费品市场营销的专家			
可口可乐日本（原）LVMH集团	品牌经理	薄叶纯子	有使罐装可乐BOSS"徽章"大热的经验。有作为高级手表泰格豪雅的品牌经理的经验。笔者的HBS同级生。
迪斯尼日本（原）NTTDOCOMO、BCG	战略团队	平井阳一朗	从BCG调职NTTDOCOMO一年，直属夏野刚从事i-mode的欧洲创业。笔者的大学同级生。

企业	职务（当时）	名字（敬称略）	注释

IT技术专家

企业	职务（当时）	名字（敬称略）	注释
Cgios technologies	代表取缔役社长	泽田研一	脱离传统型系统集成商（SI）的"人数×时间"模式，提倡、实践SI对开发成本的"计量收费模式"。经营与三菱商事的SI分公司间的联营企业（JV）。
CSCJapan Limited	副支社长	五明敏美	面向中坚生保提供软件配套的最大企业。苏黎世生命等创立时使用。

媒体相关人员

企业	职务（当时）	名字（敬称略）	注释
NHK	干部	A氏	出口的友人。"作为合作方的话，DOCOMO很有趣。如果保险费能够与电话相连，可能比银行自动扣款或信用卡更有冲击力"
朝日新闻社	干部	B氏	出口的友人。"如果能以物美价廉的商品使行业焕然一新的话，我会支持"
日经B社	编辑第二部部长（商务书负责人）	黑泽洋	出版了笔者的留学记。也商谈了"日经商务在线"的专栏执笔。
幻冬舍	编辑本部第一编辑局编辑第一部	管野裕美	大畅销书、来自笑星、剧团的《花开两面》的责任编辑，笔者的友人。

（所属企业、职务为2005年）

本章关键点

关键点 1 发现新事业机会的启示。

（1）启示正在现实和理想的鸿沟中——自己作为用户去体验，发现有不便之处而想到"这么做会比较好啊"，这正是启示之所在。

如果可以消除这种不便，将理想变为现实，就能在社会上产生新的价值。

（2）创业精神的定义——

"Relentless pursuit of opportunity beyond resources currently controlled"

"不受现在自己所控的经营资源的制约，执拗地追求新的事业机会"

→首先是不受任何制约而从"世间寻求的是什么"这一点来开始创意，描绘理想状态。如果是真正必要的，那么之后人才、物品、金钱都会随之而来。

（3）成长壮大的风险投资的三个条件

① "以大家在日常生活中都在做的事情为对象" →市场巨大

② "以多数人感到不便或麻烦的事情为对象" →市场存在大的低效状况

③ "可以消除不便和麻烦的新的解决方案的事情" →存在技术突破、制度缓和等环境变化

关键点 2 决定了创意的要点，为了验证事业性就要首先制作项目工作计划。

关键点 3 倾听各领域专家的意见，加速假设、验证、把握的螺旋式模型。

第二章　市场分析

彻底了解顾客，能够浮现出人物的画像

/

彻底分析

在第一章中，发现了"以网络为主流销售渠道的新的生命保险公司"的新事业，并可见其满足——①市场巨大；②存在大的低效状况；③大的环境变化——这是"成长壮大的风险投资的三个条件"。另外，制定了为了验证此创意今后事业性的工作计划。

以此为基础，在第二章中开始进行对下述论点的调查、分析：

①真的能在网络上卖出生命保险吗？

②来购买的是什么样的顾客层？

③应该对他们提供什么样的商品以及服务？

针对①②的问题，详细分析了数千回答者的大调查数据，导出了能够购买我公司商品的是什么样的顾客层。

大脑中呈现顾客面貌

关于市场营销的本质，德鲁克说"市场营销的目的是不要推销"，其主旨就是，发现顾客未被满足的需求，提供满足他们的解决方案，企业不去进行销售活动顾客也会自己来寻求商品，这就是市场营销活动。

在哈佛商学院的市场营销讲义中，每次必会登场的是"提供价值（Value Proposition）"这个词语。"为顾客提供什么样的价值"这个问题被数次提出。

为了回答这个问题，首先彻底了解顾客是很重要的。选择自己公司商品的典型客户是什么样的人？不止是年龄、性别、居住地、职业这样的属性信息，要连同生活方式和意向这样的主观信息来开始描绘人物画像。

可以说成功的热销商品一定是具体地捕捉到了目标顾客的面貌的。明确定义可以为这些顾客提供什么样的价值，开发完全符合顾客"未被满足的需求"的商品，去寻求这个价值。

比如，发行数超过 60 万份的高人气免费报纸《R25》。企划阶段对数百人进行了访问，不仅是得到假想读者为"25 岁至 34 岁男性"这一属性信息，连"认真而好奇心强，真的想好好看日经新闻但没有时间且内容太难读不懂，但对别人显出一副正在读的样子"这样栩栩如生的人物心理状态都被精确捕捉到。在此基础上，弥补这个理想与现实的鸿沟，将《R25》定位于代替报纸，能让人们了解社会动向的存在，并以其丰富的内容，在市场上得到了巨大的支持。

另外，在 P & G 公司的大热商品之一卫生巾"whisper"的市场营销中，主要目标被提炼为女性中"18 岁至 28 岁的职业女性和女大学生"，并以"干燥感"和"不移位的安心感"作为商品的优秀性能提供价值的核心，而使用场景被假定为"经期也能积极活动"。

除了假定顾客的属性，弄清决策的流程也很重要

LifeNet 生命挑战的"网络生保"，核心顾客层是经历了结婚生子的人，对生命保险的必要性有所提高的 25 岁至 30 岁的人。更进一步，则假定为不认可"生保是面对面购买的东西"这一常识，日常熟练使用网络，好奇心旺盛而对自身判断有自信，且对使用新鲜事物持积极态度的人。更进一步，因为生活中生保的普及率约有九成，所以比起"新客户""重新评估现有生命保险"的情况大概更多。但实际做起来，比起重新评估还是新客户更多。

在实际销售中，六成顾客层为 30 多岁，两成为 20 多岁的人。加入契机多为"生子"。在网络普及率高的城市居多，行业多为 IT 行业或律师、会计、医生这样的职业，和其他同行业者或保险代理店中的保险行业人士。也有将近四成是新加入保险的"新客户"。

这里的要点是，将目标客户层明确锁定为"原本就需要商

品提供价值的人群"，焦点聚集再成功吸引。

实际上考虑市场营销战略时，不仅要看顾客的属性，思考他们如何进行购买决策，对这些购买行动的理解也是不可或缺的。

要去寻找顾客从哪里得知此商品并收集信息，依据什么进行考虑并是否会进行购买的决策。

很多情况下，决策的当事者不止一人，这是一大要点。

在这一点上，生命保险以及面向消费者的商品，都是购买决策复杂的商品。存在支付保险费的契约者和保险对象即被保险者，还有接受保险金的受益人这三者。"自己调查而契约手续由配偶来做"的情况也不少。还有加入时父母施加影响力的情况也很多。

另外，因为生命保险行业自身巨大，很多人的身边都存在行业相关者，他们作为影响者（对事物有大的影响力的人或事）的影响力也不可忽视。"自己觉得可以，但妻子反对""父母建议其他的公司更好"这样的事情也是家常便饭。出现很多相关者，市场营销的计划立案自然变得困难。因此，在市场营销调查中，不仅要了解直接购买商品的顾客，还有对经过怎样的购买流程以及什么人以什么样的意见参与这个流程的理解也是不可或缺的。

商务上判断不是靠感觉，要依据数据分析

大部分情况下，人是基于自己的见闻根据感觉而形成意见的。

但是，商务上的判断不能这样。

索取实际的事实或数据进行重新评估，可以得到与世间主流相异的见解，而与新的商业机会相连。

为此，我在波士顿咨询公司（BCG）的时候掌握的对通常说法存疑的态度、假设和验证的实践技术发挥了巨大作用。下面从以下几点来具体分析要对哪些通常说法存疑。

1. 关注事实

在商务中，关注"事实"可以得到新的视角。生命保险行业也受到少子化的影响，主力顾客层二三十岁的个人保险契约额比 10 年前减少了四成。从这一点来看，也许会得到这是宏观

环境的变化，令人无能为力的结论。

但是，看各种各样的数据就能明白，即使在这样严峻的市场环境下，也有在十几年间契约件数增长了近1000万件的公司。就是全国的县民共济。这样就可以判断出，生命保险的需求并非一定是减少的，如果能够提供多数消费者真正寻求的商品服务，则是有成长余地的市场。

2. 从其他切入口分析已知信息

最近，即使不亲自进行原始数据的分析，也可使用互联网从其他切入口对已知数据进行分析，得出新的视点。比如，近年来有趣的美国次优利率问题的实证分析。

美国多数意见认为"对返还余力低下的贫困层的过剩借贷是主因"，但实际上这个想法未必正确。

请看图5。

上图是次级贷款的破产率，下图是普通贷款（最优贷款）的破产率。

图 5 ◎美国次优利率问题的实证分析

次级贷款和最优贷款的不同利率的破产率比较

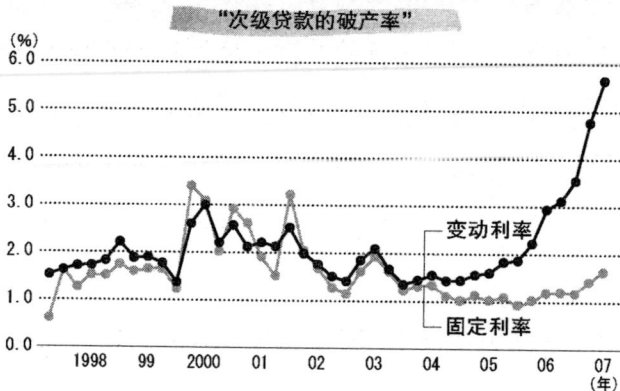

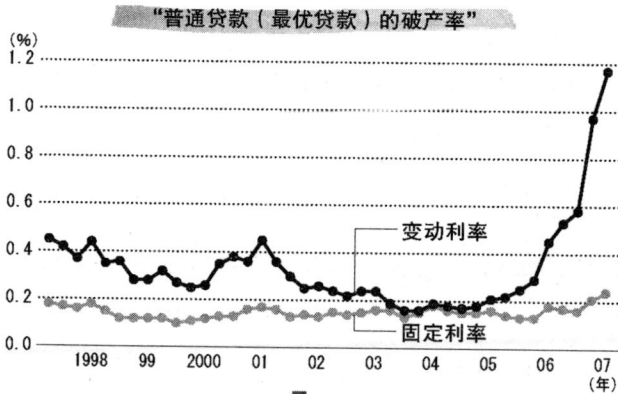

"次级贷款的破产率"

(%)

变动利率

固定利率

1998　99　2000　01　02　03　04　05　06　07
(年)

"普通贷款（最优贷款）的破产率"

(%)

变动利率

固定利率

1998　99　2000　01　02　03　04　05　06　07
(年)

正是近年来急剧增加的变动利率贷款，才是破产的真正原因

出处："Anatomy of a Train Wreck–Causes of the Mortgage Meltdown"
(Stan J.Liebowitz,Oct 2008)

最初的破产率水平当然是不同的，但仔细看一下，破产率急剧增长的倾向，两者之间并无差别。倒不如说，有意义的区别是固定利率和变动利率的差异。

破产率急剧增加的是次级贷款和最优贷款中变动利率的贷款。从这些数据中可以得出，贷款方是否是贫困层并不重要，而近年来急剧增长的贷款条件显著宽松的变动利率贷款才是破产的理由。此分析提供了新的视点，应该采取的对应政策也需有大的变化。

看图表不应只是凭直觉去理解，而是首先需要考虑前提条件是什么，图表的刻度是什么，可能有什么不同的见解。

3. 在 BCG 体验原始数据的重要性

感到原始数据非常重要的初体验，是在 BCG[1] 作为顾问刚开始工作时，参与某工业材料厂家的流通改革项目时。将全国数十个营业所，数量达到几千的根据顾客不同而记录的交易量和单价装在纸箱里收集上来，制作成图表。这是极其单纯的数据。这个分析，是针对"根据顾客不同而造成的价格不均是轻率的"这一问题，而向认为"没这么严重吧"的经营层传达的信息。

---

[1] BCG，波士顿咨询公司，作者就职的第一家公司。——译者注

　　我忘不了将这个图作为最终报告展示给客户会长和社长时，这两位经营老手震惊的表情。价格的决定权长年移交给现场，完全变成了随意而不可控的，交易量和单价的关系变得乱七八糟（数量折扣完全不起作用）。对于使公司陷入困境的这个现象，他们的感想是"隐隐约约有所感觉，但没想到这么严重……"

　　当时第一年进入社会的我，目睹了大家都明白的事情，根据原始数据再进行分析，将其视觉化，也会对经营判断产生巨大冲击的这一事实。

颠覆已知的商业模式的常识

收集数据，制作对投资家的展示资料时，最需要意识到的是能否以有说服力的语言，传达这是解决行业中的问题点的关键。

为此，也从如何能够灵活运用"网络生保"这一解决方案的观点出发，收集了市场的数据。

在说服投资家的准备阶段，设想展示时最会被尖锐质询的大概是"不会在网络上买生命保险吧"这一点。

确实，在一直以来的行业常识中，生保被认为不是消费者积极购买的，而是面对面销售的。想要自主加入保险的人，会被说成一定是对自己的健康状况感到不安，或者以不正当取得保险金为目的的人。

但是，我对此通常说法感到疑惑。因为迄今为止的经验不止一次教给我，所谓商业机会，是对常识或通常说法多抱有疑问的目光而得到的。

"生命保险不是消费者积极购买的，而是面对面销售的。"

世间常有的说法真的正确吗？就不存在与通常情况不符而进行购买活动的顾客层吗？如果存在的话，他们有什么样的意向呢？如果以这样的顾客层为目标制作商品会是什么样的呢？

从属性、意向性、人生阶段等各种各样的观点进行分析，寻找颠覆通常说法的根据。

市场中尚未明确发现的顾客层正是我们的顾客，这其中隐藏着新的生命保险市场的可能性。当然，这样的顾客层到现在为止没有被当作顾客层，并非是没有购买生保。如果能够进一步锁定顾客层，提供其寻求的商品，他们一定会主动购买，这种假设是成立的。

如果能够明确捕捉顾客层，就可以提炼出商品的概念、与其他公司的差别化、市场营销的手法这些战略。

LifeNet生命的商业战略，是证明已知模式之外的可能性。具体来说，就是制作出"已知的生命保险的商业模式，无法充分发挥网络的魅力。但我们可以灵活运用网络，制作出新的、有魅力的商品，并与购买相联系"这样有说服力的商业计划。

进行了几次消费者调查，且与有识之士进行了多次讨论，完善了事业计划。

能够说服他人的资料，是成功显现出"什么样的人"会买，这一卖家最想知道的顾客的具体面貌。

找出的顾客层，我们取名叫作"劳拉"。我认为，我们以"劳拉"这样一个词语为它命名，可以使大家抱有共识，这是非常重要的。

那么，让我们来说明一下，LifeNet生命锁定目标的顾客层"劳拉"是谁呢，是分析了什么样的要点而使其显现出来的呢。

首先，在找到"劳拉"之前，对生保在网络上是否能卖出去进行了思考。

对"如何进行加入时的信息收集和契约手续"这个疑问进行数据分析，可知"保险推销员"的比例都占约50%，出乎意料的低（图6）。消费者的使用渠道，出人意料的多样化。在回答中，有约9%的人使用"保险公司的主页"进行信息收集。契约手续中，使用"邮件"的约占14%，"电话"约占4%，"保险公司的主页"约占3%。当时应该都还没有可以通过主页来做手续的保险，所以我想"应该也有人是随便回答的"。但根据此结果，可知约有21%的人使用非面对面渠道来做生命保险的契约手续。

也就是说，根据客观事实、数据显示，"生保如果不是面对面销售就卖不出去"这一行业的通常说法本身，只不过是一个"神话"。此后，每次被说起"不行，生命保险在网络上卖不出去"的时候，我都会引用这个结果去告诉他"你知道吗，在办契约手续的人中已经有两成转移到非面对面渠道了"。

其次，根据商品的特性，我想是有易于非面对面销售和难于非面对面销售的吧。在此调查中，因为也对各自加入的生命保险的种类（定期保险、终身保险等）进行了设问，所以通过列联分析可知各加入商品的使用渠道。试着进行分析，得出了高于期待值的清晰结果。个人养老金或终身保险、养老保险这样的储蓄型商品中，非面对面渠道的比例低，只有 3% ~ 13% 左右。与此相对，我们新公司计划销售的定期保险、医疗保险，则有 32% ~ 39% 是通过直接型渠道加入的（图 7）。

此分析，按照直接型渠道使用比例的高低顺序排列，确定了"定期、医疗保险等简单商品已经有三四成交易转为非面对面渠道"的题目。根据图 6 和图 7 的表格，至少在理论上，可以直截了当地反驳"生保不以面对面的方式就卖不出去"的想法。

图 6 ◎近两成契约者已经转为直接型渠道

加入时和契约时的使用渠道			

	加入时的信息收集		
保险公司	保险的推销员 保险公司的分店窗口	50.3% 5.3%	55.6%
代理商	保险代理店 理财顾问 银行窗口	7.7% 4.4% 3.7%	15.8%
直接型	保险公司的主页 邮件 电话	9.1% 7.0% 1.7%	17.8%
其他	工作场所的总务部门 其他	9.1% 6.1%	15.2%
参考	报纸·杂志 广告 报纸·杂志 报导	12.5% 9.4%	21.9%

> 由保险销售的"生保营业员"进行的一个公司专属的销售模式占六成比例

	契约手续		
保险公司	保险的推销员 保险公司的分店窗口	50.3% 6.8%	57.1%
保险公司	保险代理店 理财顾问 银行窗口	8.5% 3.7% 4.9%	17.1%
保险公司	保险公司的主页 邮件 电话	3.2% 13.8% 3.9%	20.9%
保险公司	工作场所的总务部门 其他	8.5% 1.7%	10.2%

> 由保险销售的"生保营业员""直接购买保险商品"的销售模式现在提高到整体的五分之一以上。

人容易动不动就根据自己的经验和感觉来下结论。但是，不要这样自以为是，而要亲自动手分析原始数据或事实，往往会得到相异的结论。我想图6、图7的表格简单讲述了这一点。进行市场分析，就能一点一点收集到自己以"简单便宜的保险"为目标的销售战略的资料。

图6中，可知在线等直接型的契约者比很多人预想的多。

图7 ◎定期·医疗等简单商品已经有三四成转为非面对面渠道

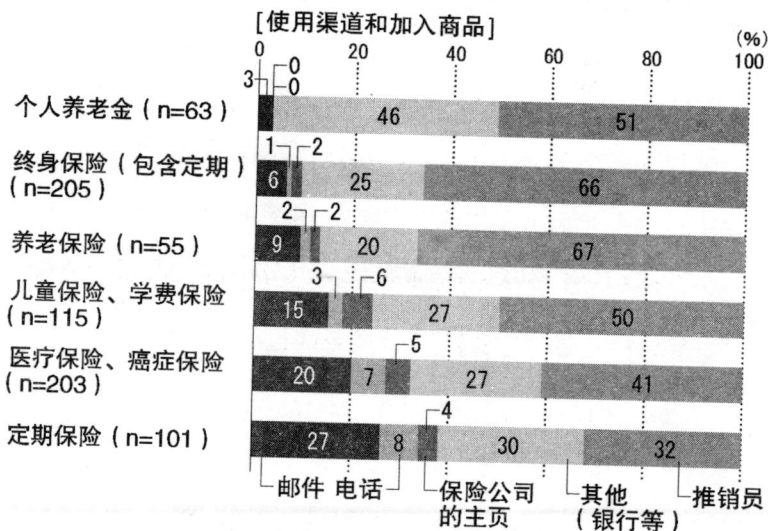

[使用渠道和加入商品]

商品	邮件	电话	保险公司的主页	其他（银行等）	推销员
个人养老金（n=63）	3	0/0/0	—	46	51
终身保险（包含定期）（n=205）	6	1/2	—	25	66
养老保险（n=55）	9	2/2	—	20	67
儿童保险、学费保险（n=115）	15	3/6	—	27	50
医疗保险、癌症保险（n=203）	20	7	5	27	41
定期保险（n=101）	27	8	4	30	32

即使在相同渠道中，畅销商品也有特征。详细分析什么是畅销商品，得出需要关注而进行销售的产品，这与今后的战略密切相关。

进一步来说，我们作为目标的这种消除多余服务的商品真的可以在直接型渠道销售。更进一步来说，图 7 可以证明这样的服务是必要的这一事实。

图 7 是反应"各种保险商品使用什么渠道购买"的分类图表。

从此图表中可以一目了然地看出，商品不同则使用渠道的倾向也有区别。

虽然都是"保险商品"，但商品的性质不同，当然购买层购买时的使用渠道就不同。详细分析每个商品，也可看出这一点。

顺便说一句，直接型渠道畅销的商品是医疗保险、癌症保险，还有定期保险等简单商品。我们确信，使用直接型渠道，在简单商品的销售上，比在其他商品上更为有利。

各种商品被什么样的顾客层购买，以什么样的渠道购买，变换切入口进行详细分析，可以发现销售战略的启示。

购买"这个商品"的人的意向都要分析

那么，以直接型渠道购买简单商品的人，有什么样的意向，又是根据什么样的决策来决定购买的呢？

可以听到这样的声音"正确的分析是无法深入到人的想法和决策部分的。"实际上，从无法窥视人脑深处这一点来说，当然是无法在真正意义上理解人的意向的。

但是，如果对对方过着什么样的生活，有什么样的意向毫无概念，就不能提炼出具体的商品构想和销售战略。

那么，如何能够找到具体的顾客的姿态呢？为此，从各种各样的切入口分析顾客，找出分类(区分)的工作是不可或缺的。

首先，作为对顾客进行详细分类的工作之一，有必要分析消费者对各种各样的销售渠道持有什么样的认识。据此，可以得到"对网络购买是否抵触，希望以怎样的购买路径入手什么样的商品"这些对顾客购买前决策意向的提示。

从图8中可知，自己主动想要得到保险信息的人，比推销员更能积极地利用保险公司的主页。其结果是我们得到了"劳拉"。

"劳拉"共通的意向是什么？

那么，这个"劳拉"到底是什么呢？你一定感到非常疑惑吧。我们在行业分析时，发现了目标和假设顾客层中某种共通的意向。

逻辑（的）+ 理性（的）

这就是"劳拉"的诞生。在图9中，彻底比较派"劳拉"、商谈派"布鲁索尼"、委托派"麦克西"等等，这样以特征命名了昵称比较容易辨认对方是持有何种特征的顾客。

解说一下各自的侧写。"劳拉"是积极收集信息，精心比较3～5家公司而选择最合适商品的顾客层。在网页上的信息收集也很频繁。

"布鲁索尼"会参考他人建议来作决定，但也是想要更好的理解商品内容而有咨询型意向的顾客层。并不是完全委托，而是寻求营业员起到商量的作用。

最后是"麦克西"。这是不太喜欢花费时间购买金融商品的顾客层。为了GNP（情分、人情、礼物）而加入生保的情况也有很多。

我们的新商品应该包括的顾客层是"劳拉"，我想这是一目了然的。商品当然也是以满足此"劳拉"分类中的七八个成人的需求为前提而设计的。

图 8 ◎直接型渠道的使用者与传统型顾客相比是逻辑的、理性的

(%) [使用渠道和对于生保的认识]
100

80 保险公司的主页

60 电话

40 邮件

20 推销员

0

自己积极获取保险相关信息 / 积极获取相关信息 / 商品内容的好 / 品简较比单内容 / 喜欢生命广告 / 生命保险 / 在退休、孩子独立以后不需要死亡保障 / 死亡保障户 / 亡只主就足够了保买 / 不明白什么样的保 / 什么样的生保适合自己

寻求好的商品，
积极收集信息

寻求简单的，最低限度
必要的保障

从图 8 导出的假设是？
· 自己积极获取保险相关信息
· 商品内容简单的比较好
· 喜欢生命保险广告
· 在退休、孩子独立以后不需要死亡保障
· 死亡保障只买户主就足够了
· 不明白什么样的生保适合自己

⬇

◎自身主动寻求好的商品并收集信息。

◎寻求简单的、最低限度必要的保障。

◎回答使用渠道是保险公司主页的人，是有自身
积极寻求好的商品并收集信息的意向的人。

图9 ◎当初锁定"育儿劳拉"的分类

侧写	假设的竞争
◎逻辑＋理性的消费者 ◎积极收集信息，精心比较3～5家公司 　而选择最合适的商品 ◎频繁使用网页进行信息收集 ◎已经购买了邮购型	Aflac Alico Orix
◎参考他人建议来做决定，但也想要相应 　的理解商品内容 ◎购买时也会比较1～2家公司 ◎咨询型的保险销售正中下怀 　（能明白吗？）	Prudential 索尼生命
◎因为不喜欢花费时间购买金融商品，所 　以不做竞价就选择 ◎也不积极进行资产运营 ◎生保是为了GNP（情分、人情、礼物） 　而加入	大型生保

◎为了高效传达生保行业总体情况的分析结果而下的功夫。
　◎记录中加上人生阶段等属性信息，各顾客层的意向或由此可以推测出的购买行动的样式，这样更容易将生保的顾客层分类传达给对方。

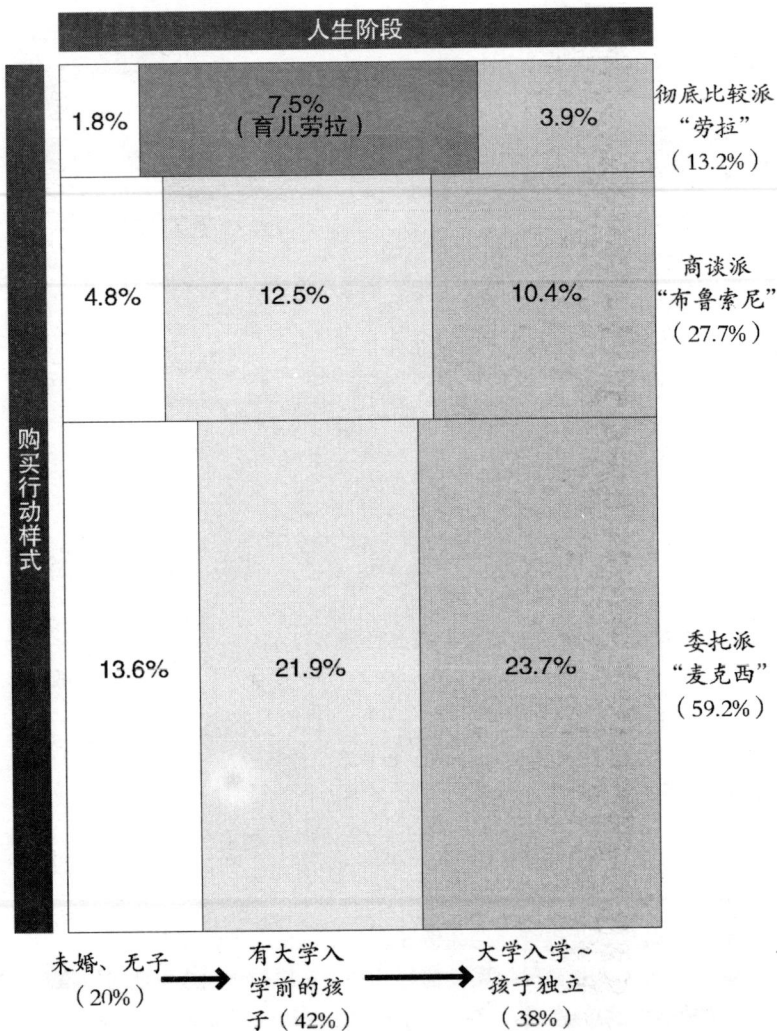

　　"七八成"的想法，是以"没有单点，而只奉送绝对推荐套餐的法式餐厅"的生保版为目标，让寻求细致、特约保险的两三成消费者去别的公司。进一步来说，商品只锁定简单的死亡保险、医疗保险，与"基本＋特约"搭配销售的大型生保划清界限。商品全部是可以由单品进行组合的"乐高"方式，只要决定大致框架，就自然而然地可以得到其中的精密设计。

仔细观察顾客的面貌

在图 10 中，将各种顾客分类的结果以柱形图排列，差别一目了然。

从此调查可见，"劳拉"是刚刚生子，储蓄很少，收入也有减少倾向的顾客层。他们对以便宜的保险费来确保充分保障的需求最高。加上他们的互联网使用能力很强，所以对"网络加入生命保险"不太抵触。

将比较信息等进行图表化，使其在视觉上更容易看清。

虽然数字本身就是很有说服力的，但将数字图表化，可以提高对对方的吸引力、理解力，将数字的力量毫无保留地发挥出来。

那么，进行进一步的分析，在"劳拉"中，对保险的选择也有两种方式这一事实便浮现出来。

一种是网罗信息收集型。如图 11 所示，他们是使用网络或保险入门书籍，网罗收集信息的人。根据收集到的信息选择最适合自己的保险。是在问卷调查和实际访问中，回答"销售员只根据他们自己的想法来交谈，不适合我""想要买保险的话还是要自己进行彻底调查"的顾客层。

另一种是分类（区分）攻略型。是将保险公司按照类型分成数个分类，对各分类中具有代表性的公司进行比较和讨论的类型。是在访问中，回答"将保险公司分为'共济系''日本的大型生保''低价格路线的生保'，从各分类中选择一个公司（生协、日本生命、Alico 等）索要宣传册"的人。

图 10 ◎顾客分类的分析资料

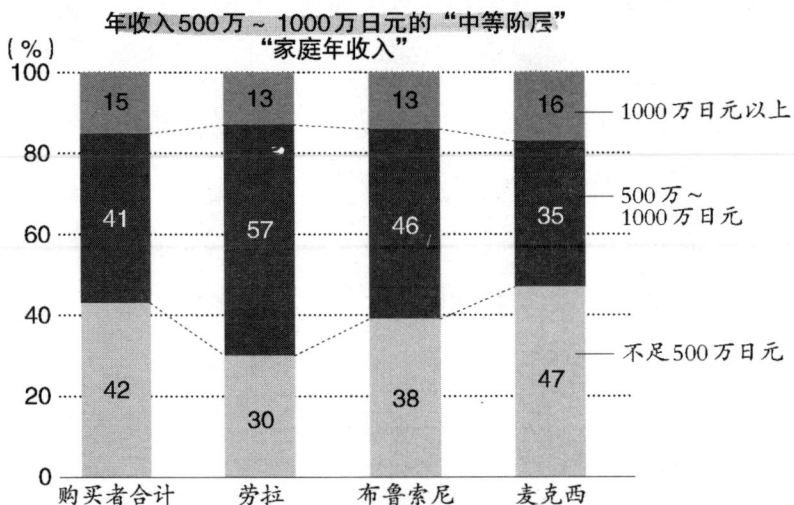

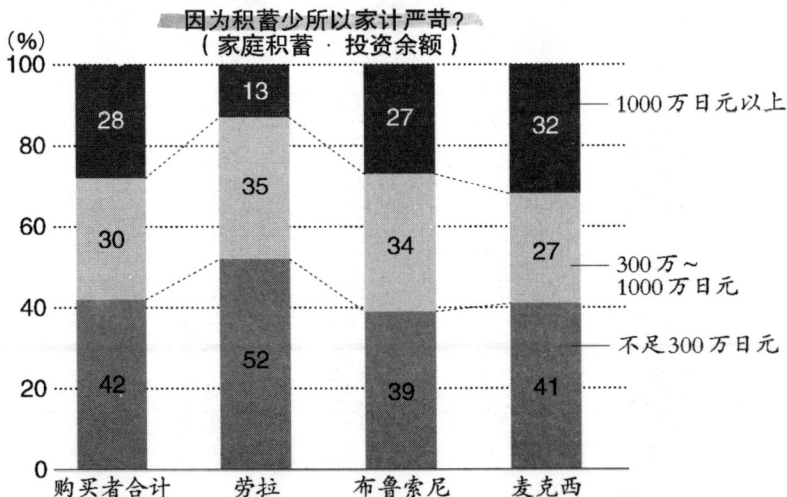

年收入500万～1000万日元的"中等阶层"
"家庭年收入"

	购买者合计	劳拉	布鲁索尼	麦克西
1000万日元以上	15	13	13	16
500万～1000万日元	41	57	46	35
不足500万日元	42	30	38	47

因为积蓄少所以家计严苛?
(家庭积蓄·投资余额)

	购买者合计	劳拉	布鲁索尼	麦克西
1000万日元以上	28	13	27	32
300万～1000万日元	30	35	34	27
不足300万日元	42	52	39	41

"劳拉"的面貌:育儿中、高学历、中等阶层、无存款

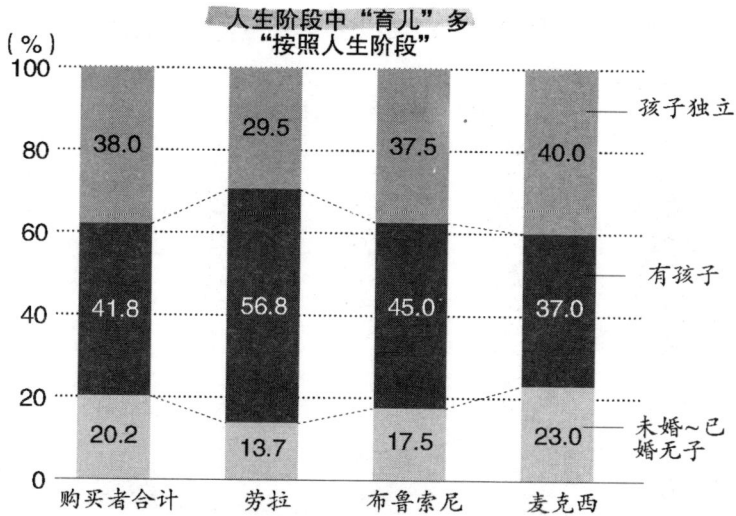

人生阶段中"育儿"多
"按照人生阶段"

（%）

孩子独立

有孩子

未婚~已
婚无子

购买者合计　劳拉　布鲁索尼　麦克西

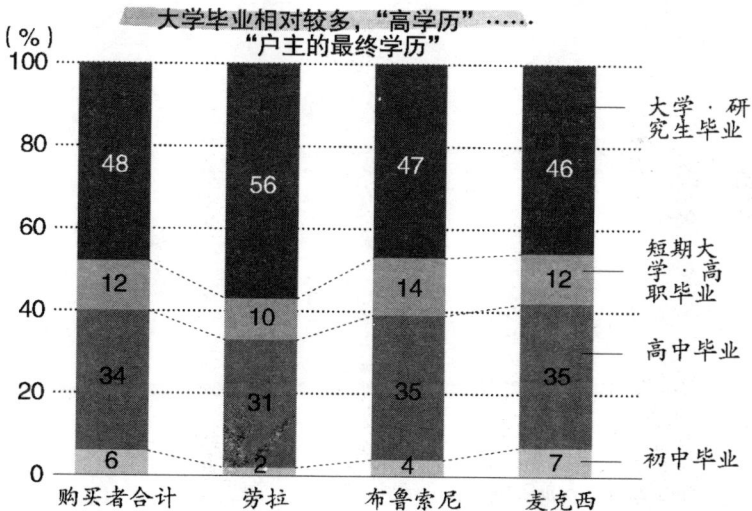

大学毕业相对较多，"高学历"……
"户主的最终学历"

（%）

大学·研
究生毕业

短期大
学·高
职毕业

高中毕业

初中毕业

购买者合计　劳拉　布鲁索尼　麦克西

图 11 ◎网页主页加上报纸报导是重要的信息源

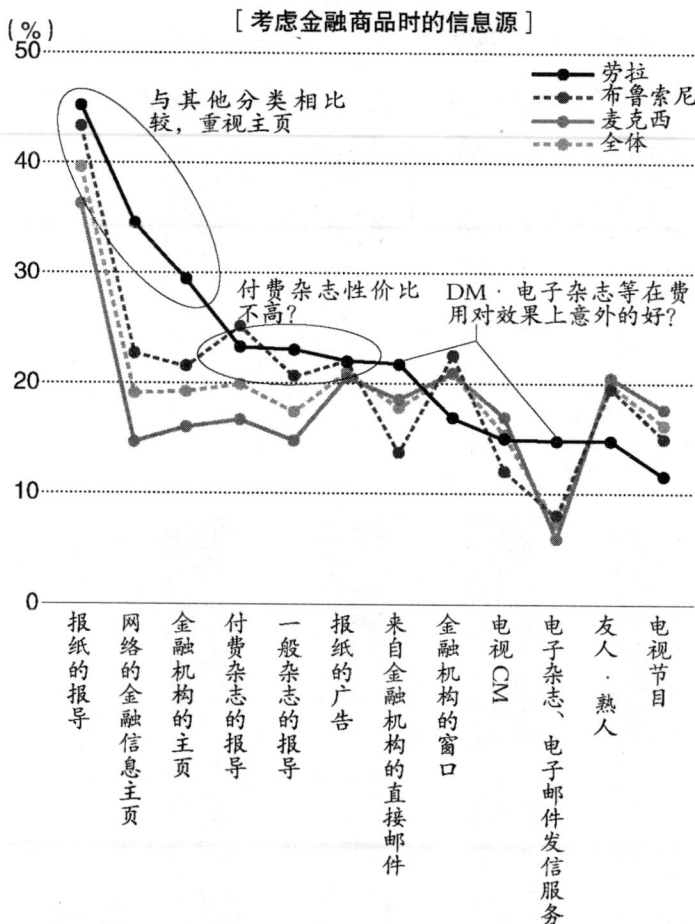

［考虑金融商品时的信息源］

（％）

与其他分类相比较，重视主页

付费杂志性价比不高？

DM·电子杂志等在费用对效果上意外的好？

图例：劳拉、布鲁索尼、麦克西、全体

横轴：报纸的报导、网络的金融信息主页、金融机构的主页、付费杂志的报导、一般杂志的报导、报纸的广告、来自金融机构的直接邮件、金融机构的窗口、电视CM、电子杂志、电子邮件发信服务、友人·熟人、电视节目

把握目标层的信息收集源

假定顾客各自的信息收集源是什么？分析从哪里收集销售商品、服务的信息，不仅可以了解适当的信息提供者、广告出资者，还可以明白对购买决策有重大影响的信息。由此结果，可观察出网页上各种各样积极的信息发送是否有效。

对各种各样类型的人，我们思考了要以何种要点进行战略进攻，才能使其购买。

对网罗信息收集型的类型，如果能使其认识到 LifeNet 生命的存在、价格优势，对网页诱导、购买决定来说就足够了。必须要注意的是分类攻略型，需要被作为"低价格路线的保险公司"分类中具有代表性的公司来认知，确立与目前的生命保险公司是完全不同分类的认知。

也就是说，如图 12 所示，"劳拉"的另一个特征是如果能被提供好的商品、服务，就会显现出积极使用新公司的意向。

灵活运用调查问卷

个人问卷调查灵活运用的方法：自己采集的原始声音能发挥巨大的威力。

个人进行的问卷调查结果，具有比想象中更大的威力。为了使个人问卷调查的结果给人以更有效而深刻印象，要点是灵活运用公众数据的资料。

灵活运用问卷调查的"微观"与灵活运用公众信息的"宏观"，用两条腿走路，就能避免遗漏而极力捕捉市场的不满，增加对对方的说服力。

2006 年前后，我们开始准备。而此时免费在线调查网页变得更为充实，这为问卷调查的进行提供了飞跃性的便利条件。

首先，利用在线调查，以约 75 名消费者为对象进行了个人调查。回答者以我写的留学博客的读者和高中时代的友人等身边的人为中心。

各种各样的人，对购买的东西的价值标准也是各有不同的。

比如，有人想要即使保险费高但保障更丰厚的，也有人觉得即使保障内容简单，覆盖范围小，但保险费便宜的更好。

各自持有的意向不同，如果不能理解这些倾向，就无法确立商品战略。从公众数据中已经看到了这些倾向，在问卷调查中可以听到真实的声音、感想。

图 12 ◎只要能提供好的商品、服务，成立新公司并无障碍

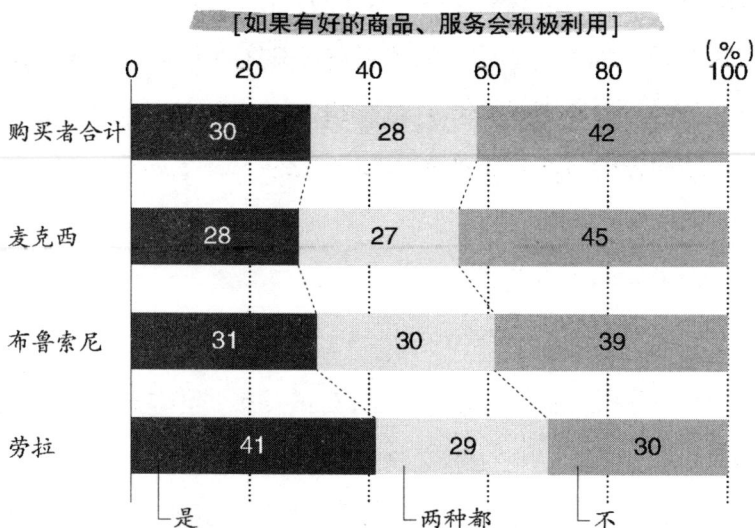

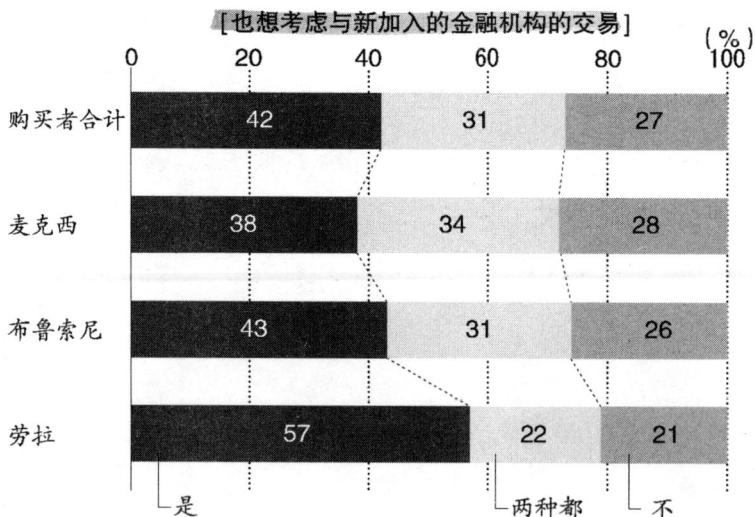

[如果有好的商品、服务会积极利用]

（%）

	0	20	40	60	80	100
购买者合计		30	28		42	
麦克西		28	27		45	
布鲁索尼		31	30		39	
劳拉		41		29		30

└是   └两种都 └不

[也想考虑与新加入的金融机构的交易]

（%）

	0	20	40	60	80	100
购买者合计		42	31		27	
麦克西		38	34		28	
布鲁索尼		43	31		26	
劳拉		57		22	21	

└是   └两种都 └不

问卷调查的内容，其要点是应该在任何商品上都能作为参考的。

我们锁定了如下要点，实施了问卷调查。

①选择保险时重视的要点（图13、图14）

◆如果将来选择生命保险、医疗保险，那么对你来说什么是重要的因素

→商品内容、销售形态、其他

②对这次商品形象的感想（图15、图16）

◆提出具体的服务方案，说明有这种商品的情况下，会购买吗

→是否购买及其理由，对此商品、公司的感想

◆商品的各项目对整体魅力度的贡献程度

◆改善方案

③关于现在加入的保险（关于现在正在使用的商品）

◆现在加入的生命保险（包括医疗保险）的概要

→是否加入、加入的保险公司、加入的商品内容（死亡·住院·癌症、定期·终身、保费不退·累计、特约、保障金额等）、每月支付的保险费

◆保险加入的契机

◆考虑购买时，取得报价、进行比较的商品数

◆考虑时的信息收集方法

◆加入保险公司的实质性决定者

◆加入时的决定性事项

④关于回答者的基本信息（回答者的属性信息）

◆年龄、性别、婚否、子女数

◆职业、年收入

以下的图 13 ~ 16，是将问卷调查结果的合计制成图表化的产物。

图 13 ◎首先，听取选择生命保险、医疗保险时的重视因素①

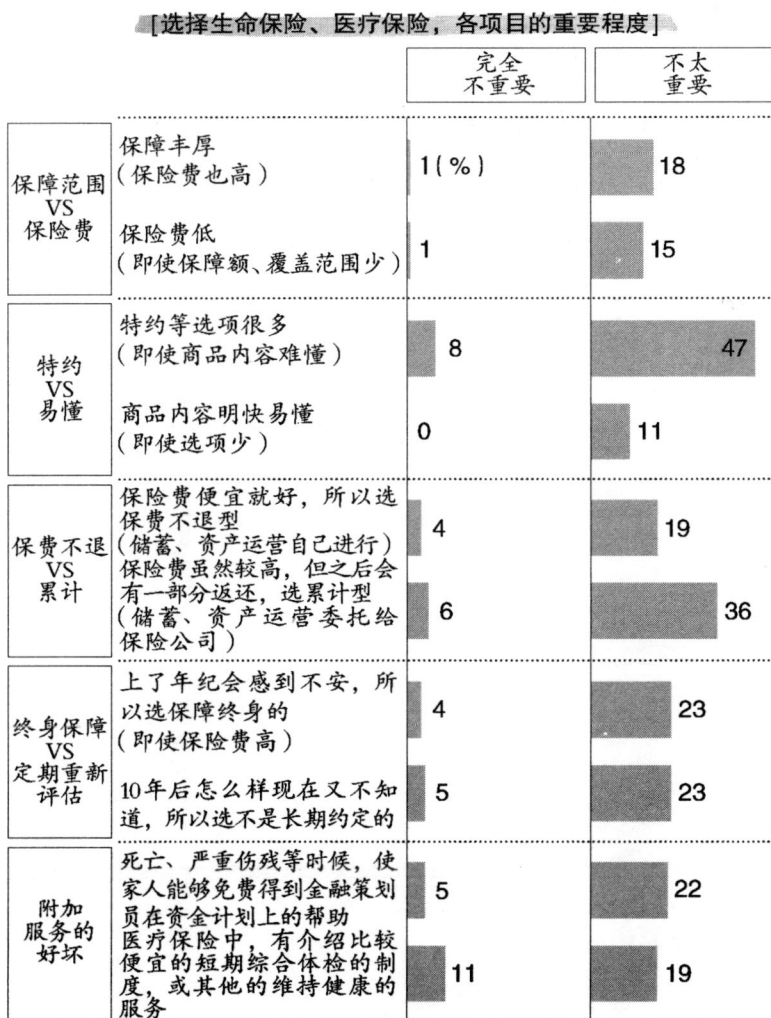

[选择生命保险、医疗保险，各项目的重要程度]

		完全 不重要	不太 重要
保障范围 VS 保险费	保障丰厚 （保险费也高）	1（%）	18
	保险费低 （即使保障额、覆盖范围少）	1	15
特约 VS 易懂	特约等选项很多 （即使商品内容难懂）	8	47
	商品内容明快易懂 （即使选项少）	0	11
保费不退 VS 累计	保险费便宜就好，所以选 保费不退型 （储蓄、资产运营自己进行）	4	19
	保险费虽然较高，但之后会 有一部分返还，选累计型 （储蓄、资产运营委托给 保险公司）	6	36
终身保障 VS 定期重新 评估	上了年纪会感到不安，所 以选保障终身的 （即使保险费高）	4	23
	10年后怎么样现在又不知 道，所以选不是长期约定的	5	23
附加 服务的 好坏	死亡、严重伤残等时候，使 家人能够免费得到金融策划 员在资金计划上的帮助	5	22
	医疗保险中，有介绍比较 便宜的短期综合体检的制 度，或其他的维持健康的 服务	11	19

出处：消费者问卷调查

都不是	一般重要	很重要
27	41	14
20	47	16
19	22	4
14	38	38
26	31	20
19	20	8
31	32	9
34	35	3
14	42	18
12	45	14

◎持有"便宜而有很多保障"这样矛盾的需求（没发现由保障范围扩大带来的保险费增加吗？）

◎比起有很多特约的商品，有简单易懂的商品的强烈的想要的倾向。

◎很多人不寻求保险公司的储蓄、资产运营功能？→保费不退型的需求增加？

◎"终身的保障"给予很多人强烈的安心感。而另一方面，不想有长期约定的人也增多。

◎对FP商谈和援助支持有维持好意的人。而另一方面也开始期待固定化的健康创评回答并从一期差别人观念→打破一回就人的机会？

图 14 ◎首先，选择生命保险·医疗保险时的重视因素[2]

[选择生命保险、医疗保险，各项目的重要程度]

	完全 不重要	不太 重要
可以帮助比较其他公司商品的保险费	1(％)	8
可以对自己详细模拟必要的保障内容	0	3
商品相关的各种手续费的明细易懂	0	3
可以与销售职员面对面商谈	4	19
有完备的体制，即使不与销售职员面对面商谈，也可以理解商品并进行签约	1	5
可以与销售职员电话商谈	3	16
可以在互联网上浏览详细说明	1	1
续签时间短（有频繁重新评估、增加、解约的可能）	1	19
保险公司的财务情况好	0	1
保险公司是有名的公司	5	23
从申请到加入的手续时间短	1	14
在互联网上可以完成大部分的申请手续（需本人确认的除外）	1	19

出处：消费者问卷调查

都不是	一般重要	很重要
8	53	30
4	41	53
5	45	47
27	35	15
15	43	35
27	42	12
12	43	42
24	49	7
14	45	41
23	41	8
26	51	8
19	42	19

消费者在选择生保时最想要寻求的东西：

◎选择生保时的"知情书"

——对自身需求的理解
——对生保商品的理解

◎结合自身情况，可以进行信息收集的便利性

◎保险公司的长期安定性

对28%的人来说，即使没有确立品牌力，只要被认知，就有考虑的余地

图15 ◎提出新商品方案时，六成多的消费者表示非常关心

对消费者说明

如下所示，发售新保险商品。
读后请发表感想。

①销售主体是全新概念和形象的公司（比如，英航空公司的维珍集团的保险）。提供超简单、便宜便利的商品。

②死亡·严重伤残等遗属补偿，只有保险金3000万日元和5000万日元的定期（每年续签的保费不退型）两种。

③住院保险，五天以上的住院无限制给予每天一万日元。只有每年续签的保费不退型1种。可区别于死亡保险单独加入。

④保险费，在几乎相同的保障内容上，比大型生保公司约便宜三成。能够便宜的理由是没有高成本的生保营业员或全国支店，没有报纸全面广告等等。

⑤非吸烟者折扣。

⑥关于商品内容，互联网上有简单易懂的说明，可以通过绚丽多彩的演示或动画进行观看。

⑦可通过电话与客服中心商谈，但没有面对面型的销售职员。

⑧咨询或申请，可以通过网页或电话进行。也可在银行或代理店的窗口购买，但这种情况会征收初期申请手续费。

读后的加入意向

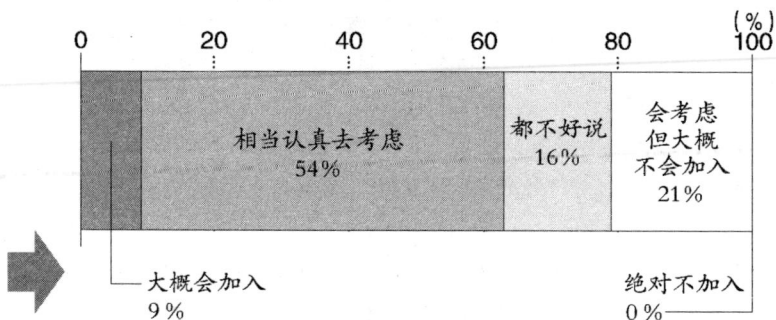

| | 0 | 20 | 40 | 60 | 80 | 100 (%) |

相当认真去考虑
54%

都不好说
16%

会考虑
但大概
不会加入
21%

大概会加入
9%

绝对不加入
0%

◎63%的人表明"大概会加入·相当认真去考虑"

◎9%在此时断言"大概会加入"

—与"劳拉"重叠的分类?

图 16 ◎显示了对便宜三成的价格关心度高，而价格以外的商品差别化很有难度

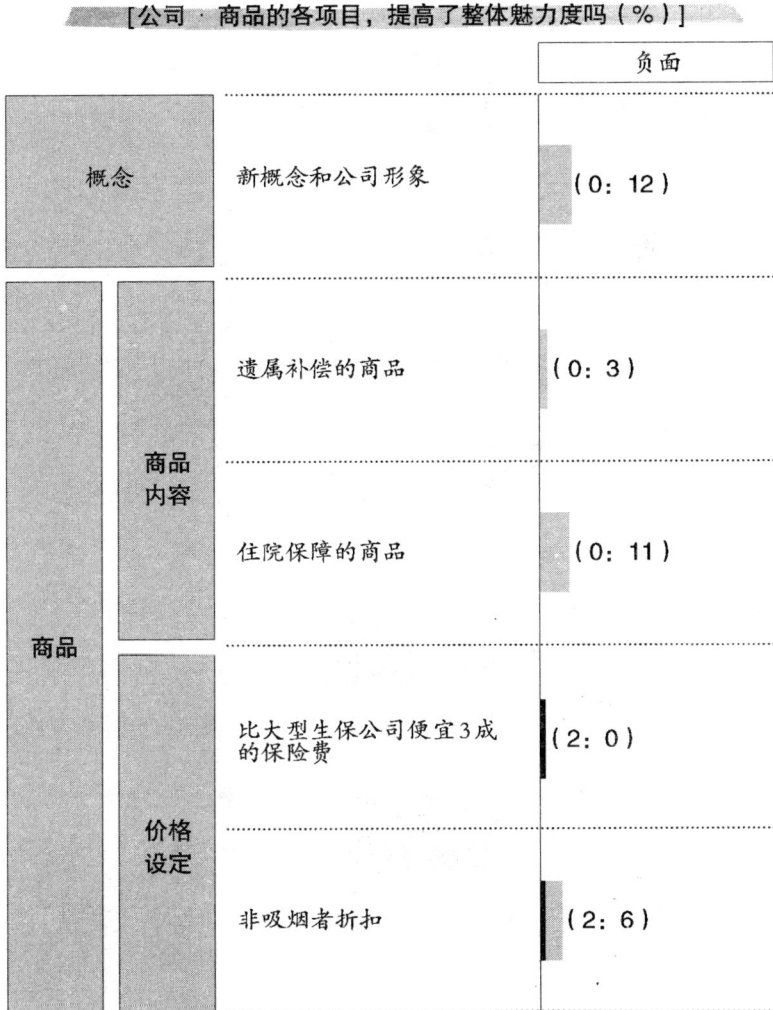

[公司・商品的各项目，提高了整体魅力度吗（%）]

概念		新概念和公司形象	负面 (0：12)
商品	商品内容	遗属补偿的商品	(0：3)
		住院保障的商品	(0：11)
	价格设定	比大型生保公司便宜3成的保险费	(2：0)
		非吸烟者折扣	(2：6)

出处：消费者问卷调查

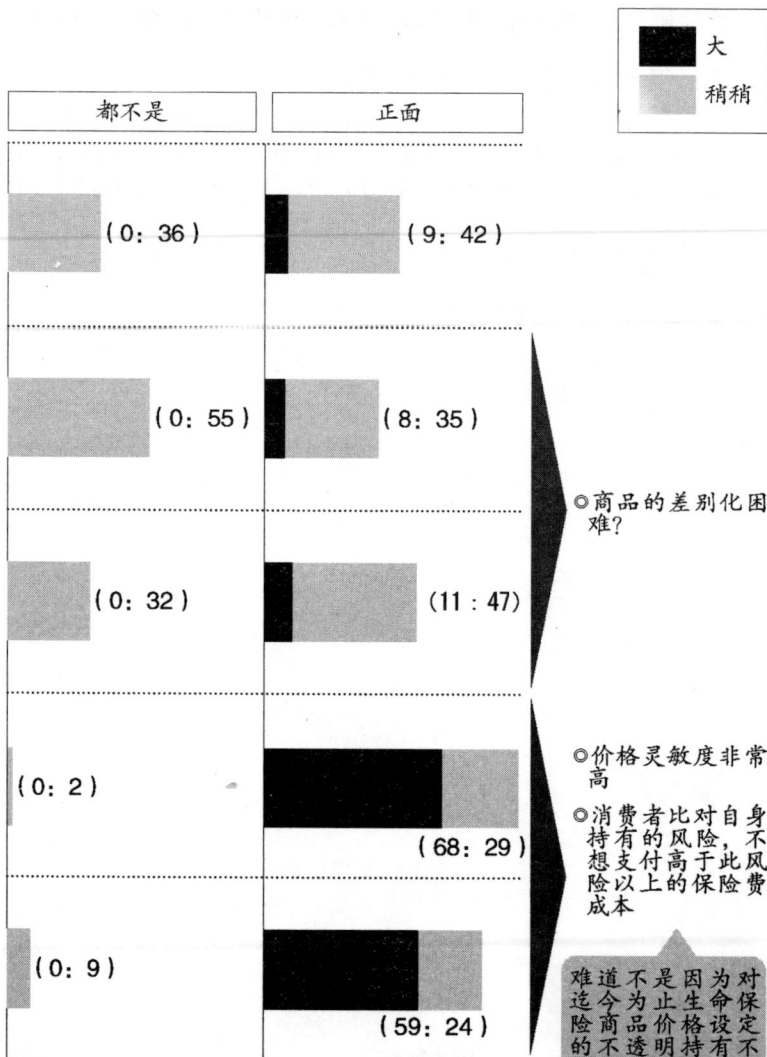

| | 大 |
| | 稍稍 |

都不是	正面

（0：36） （9：42）

（0：55） （8：35）

◎商品的差别化困难？

（0：32） （11：47）

◎价格灵敏度非常高

（0：2）

◎消费者比对自身持有的风险，不想支付高于此风险以上的保险费成本

（68：29）

（0：9）

（59：24）

难道不是因为对保险商品价格设定的不透明持有不满这一背景吗

　　从实际的问卷调查，也可以听到对公司和商品的真实感想。真实的感想容易直达人心，得到共鸣。

　　进一步来说，这里有很多没被意识到的有力的启示。

　　下面，介绍从问卷调查得到的回答。我想可以看出，意见在多大程度上以消费者视点为基础，这一点对在考虑为顾客提供商品时，有着非常重要的启示。

> **"在大部分人之间，'简单性'是重要的评价要点"**
>
> （得到了"感到简单之处很有魅力"的评价）

消费者对公司、商品的感想①

◎好像比迄今为止的东西都更易懂。

◎作为保险商品简单且便宜。因为我觉得能保证最低限度的必要性就好。

◎因为现在的保险是整齐划一而缺乏融通性的，所以这个更有魅力。

◎因为最近被推荐的保险都复杂难懂，所以觉得还是简单的好。

◎×……不了解公司的可信度。○……商品超简单这一点非常好。保险什么的，不要只在乎一些无聊的地方，也许应该会有很多人去考虑。

◎虽然认为这是简单易懂的保险，但关于医疗保险，我觉得还是全劳灾（一个日本保险公司的简称。）的保险更好。

◎我觉得商品的内容、价格设定等非常容易明白。另外，感觉在网络上的申请和咨询很充实丰富，这是很大的优势。

◎感觉锁定简单的保障而价格便宜这一点有魅力。但对保险金是否能很好的返还多少有些不安。

◎因为日本的保险很难懂，而且强烈感觉成本比较高，有其透明性（包括内容容易理解的程度）。我想能给人成本比较高这种感觉少一点的话会好些。

◎即使想将保险与其他公司的宣传册相比较进行考虑，在意图上，或者在商品的性质上，比较是很困难的。因此，即使自己收集资料，结果也会因为很难得到想要的信息而感到焦躁。如果是价格便宜、内容简单，没有烦人的劝诱，自己在网络上就能查找到能够理解、有说服力的内容的商品，感觉购买起来会比较容易。

◎简单、容易最好。适合像美国一样，对保险抱有简单想法的人。适合年轻人。适合孩子已经长大，对将来充满乐观的人。适合健康的、迄今为止没太使用过保险的人。不合适一直以来买过丰厚保险，并加以使用，了解其便利性的家庭。

◎我认为日本的保险，也许是因为一直以来的商业习惯，各公司都是相似的形式，复杂难懂，在这样的情况下，不懂的人会有损失的。我想有这种简单的东西就很好。汽车保险就有很多简单的。

听到很多认为创意有趣，但对公司的可信度感到不安的声音

虽然好像很有趣，但担心公司可信度的人也很多

消费者对公司、商品的感想②

◎对"全新概念和形象的公司"这一点感到不安。

◎像新生银行这样的战略啊。一定能够返还这个信用问题是最关键的吧。

◎保险费便宜这很好，削减成本也挺好的，但担心企业的实力。这一点相当重要。生保营业员虽然花费成本，但感觉因为有提成所以在积极劝诱和资金收集上能发挥很大作用。也许因为我是保守的人，还是觉得大型集团企业更值得信赖。只是便宜三成的保险费和其他一些服务是不能比的。

◎因为自己拥有某种程度上的金融知识，而且能够自己调查、学习商品，所以并不一定需要与面对面型的销售员或生保营业员进行商谈。我认为削减这种成本，并将其反应在费用上，这一点很有魅力。但在行业或商品的信誉上，希望有某种程度的公司知名度，或者至少有（像维珍这样的）"可以信赖的公司"的安心感。

◎因为保险是像买房一样的大的购物，所以信用度很重要。我想这是好的商品，也会认真去考虑，但比如像维珍这样的，老实说怎么样呢？（虽然不是很清楚维珍的财务状况，但印象上觉得有些轻率？）但是，简单易懂、保险费便宜还是相当有魅力的。

◎因为生命保险给人是买贵重物品的印象，所以我认为对签约公司的信赖在选择上很重要。信赖包括财务能力、企业形象等各个方面。

◎公司的财务状况没问题吗？相同保障内容而缴纳的钱便宜，是说保险金的支付审查会相当严格吗？真的能付给保险金吗？

◎保障内容简单、而且符合自己的需求。自己能得到的便利的源泉（高效的操作、低成本）也是合理而易懂的，好像没有什么不妥的地方。非吸烟者购买有折扣很重要。但如何能够信赖这个公司，这好像是最后的障碍。

> **喜欢以面对面型销售为中心的传统型的人依然存在**
>
> 即使价格高，喜欢以面对面型销售为中心的传统型的人（"麦克西"[1]？）一直存在

消费者对公司、商品的感想③

◎没有面对面型销售员，负分。

◎是否是可以信赖的公司，不明确。想与面对面型的销售职员商谈。公司的财务状况不明确。即使价格高也想与可以信赖的大型公司签约。

◎自己不加入（明日香保险[2]）的理由是，觉得有面对面型销售职员比较好。但对削减人工费而价格便宜这一点抱有好感。

◎保险的费用对效果容易明白，与其他公司比起来更便宜，这一点很有魅力。然而作为新的公司，服务却只在网络、电话上，这一点感觉可疑，负分。想想买保险是买个安心，所以我认为上门服务的形式也可以，但面对面的销售是必要的（像 Citibank 那样有在大的街道的夜间营业所的感觉）。另外，我认为有这个公司是可以提供"长期"服务（有后盾）的公司这样的形象战略会比较好。

◎我觉得保险就像在一定期限内（契约期限内）对人是否生病或死亡的赌博游戏（虽然说法不太好）一样。在此意义上，为了在输的时候将损失控制在最小限度，保险费低的比较有魅力（不想为不必要的服务支付费用）。那么，这样那样的选项越多就与成本越高相联系，所以我想简单的商品构成有助于降低成本吧。另一方面，削减成本怎么样呢？这是因人而异的问题。当然，网页可以在某种程度上进行商品说明，但未必能使加入者全体都明白，而且也许有人认为阅读起来非常麻烦。正因为是这样的时代，所以我想因人而异的细致对应与差别化相联系。我想不是面对面也可以，消费者能否对服务或对应感到满意，这才是要点。

◎我是单身，因此遗属补偿没有什么必要。住院保险是五日以上，这也许比其他公司的时间要长，对于无限制给付这一点我想研究一下。不太花费广告费，而且能反过来对保险费产生影响，这一点很令人高兴，但加入者是否会因此增加还是个谜。商品内容模拟非常便利。而只有电话商谈也许会令人感到不安。

---

① "麦克西"分类，表示不同的顾客层。——译者注

② 明日香保险，另一家保险公司。——译者注

因为加入・重新评估的时机不合适，所以也有说"现在不太……"的人
现在不是加入、弃旧买新的时机

消费者对公司、商品的感想④

◎已经加入了其他保险，更换很费事所以不想换。但非吸烟者购买有折扣还是很有魅力。

◎已经加入了其他保险是主要原因。没太多时间变更大概也是一个原因。如果没有什么大的契机，那么也许即使觉得"不错"也不会行动。

◎自己还很年轻没有加入保险的想法，但如果在互联网上可以看到详细的说明，而且有简单模拟的话，想为了将来考虑一下。

◎到了续签的时机，如果有这样的商品会考虑一下，但现阶段持保留意见。现在保险金未付的新闻很多，所以也许会在意企业的等级。

◎容易明白这一点很好，但作为20多岁的单身对保险本身还没有认真考虑过。如果结婚了再加入也不错，但会调查公司的知名度或财务状态。我认为这些是否健全很重要。

◎商品很有魅力，但我连汽车保险也是好不容易才买的，所以认为对现在的自己来说必要性低。我想对我来说有准确的销售措辞（如果上了年纪再加入会有这样的风险）会比较好。

◎本来就对保险没兴趣。

◎现在没有加入保险，今后也没有加入的打算。

◎我感觉不到保险商品自身的必要性。我想如果要资产运营的话用别的手段会更有利。

◎虽然价格和内容有魅力的要素很多，但在现在这个年龄我还没有想要每月支付5000日元去加入死亡、伤残保险。

关于商品印象的其他评语

消费者对公司、商品
的感想⑤

◎可在网页完成是魅力所在。

◎比起缴纳的钱，保障丰厚，这非常好。

◎印象上觉得与"共济"或"堂堂人生"相似。

◎因为想知道与大型生保的商品有何不同所以会试着考虑一下。

◎连销售主体取得的部分（死差益）都进行了说明，也许是相当可以信赖的。

◎根据内容而有所不同，但我觉得以动画形式说明很费时间且有很多麻烦之处。

◎我注意到因为不花钱在没用的广告上所以便宜，会将这部分返还给使用者这一点很好。

◎比起站在顾客的立场，更能感受到服务提供者的想法。总之可以看出是企业优先。归根结底，不是顾客优先吗？

◎住院5天以上这一点是负面要素。

◎住院保险的给付要5天以上这一点，是相当负面的要素。工作太忙了，偶尔病倒时的住院时间也只有3天左右。因为这种紧急住院的情况，大部分都是住单间，住院费挺高的。

◎因为我自己是来自保险公司的，对保险商品的知识比一般人要多，所以没有无用的劝诱这很好。另一方面，考虑性价比的话，生保协等的共济也会跃入视野，与民间生保商品相比也只是便宜这一点点，所以不会马上加入，会慎重考虑。

◎商品确实便宜，而返还相同。进一步根据个人的努力（戒烟）等，返还率会提高。也就是说对特定的人来说，比加入其他公司更有利。

◎我认为银行和代理店的初期申请手续费的征收使评价降低。保险金支付时，公司方拒绝支付的话，会比通常情况下更容易引起纠纷吧？我个人觉得还不错，但从商品性质上来说，大多数人还是需要实际的面对面型的销售职员。

◎我30岁，但认为死亡保障5000万日元的保障额不够。也许还有3000万+5000万日元的组合，但没有完全合适的。

关于应该改善、强化的点,
得到了很多创意（一）

**消费者对公司、商品
的感想⑥**

关于公司的信息
◎越接触保险商品,越想知道销售企业是什么样的。
◎虽然灵活运用网络而使得信息、接触变得更容易得到了加分,但另一方面因为没有社会现实感而使得加入变得困难。我想使用经济杂志的报导来介绍销售企业增加企业权威会比较好。
◎与网上银行和网上购物不同,网络生保商品没太听说有好的评价。我听熟人说过汽车保险在事故时的对应会差一点。对公司来说,希望积累一些都市银行水平的背景或知名度。

保险商品本身
◎希望遗属补偿再多一点变化。
◎住院保险保障也许再多一些多样性比较好。比如当天住院出院的保障等等。
◎我想如果能明确保险金的支付标准,就更容易考虑加入。
◎包括我这样的单身者,认为即使削减死亡保障额度,也希望增加住院保障或严重伤残时的保障额的人很多。
◎死亡保障额的设定能以1000万日元为单位就好了。在退休后,医疗保障缴纳金的支付可能在经济上比较严峻,所以希望在退休前完成支付而得到终身保障。
◎终身保险也希望有特约套餐的方案。这种情况下,有比单体签约更便宜的保险费优惠会更好。
◎牙齿、眼睛的花费也成为保险的一部分。
◎癌症保险或成人病保险也希望能有"独立"属性。
◎每年／定期进行健康诊断,根据分数变更保险费。也希望有健康诊断分数顾问,可以进行日常商谈（这里即使多少贵一点,作为预防成本来考虑也就不在乎了）。
◎也许有对高龄者的照顾（在可否加入上不差别对待,说明文件的字写大一点等）会比较好。
◎在单身者增加的时代,保险与资产运营紧密联系起来会更好吧。

> **关于应该改善、强化的点，**
> **得到了很多创意（二）**

消费者对公司、商品的感想⑦

商品说明、家计的模拟工具

◎可以对应与其他公司比较或人生阶段的模拟。

◎不仅是将每月的保险费与其他公司的服务进行比较，也有比如将10～20年间的保险费总额和据此得到的返还金与其他公司相比较而一目了然的商品说明。这样会比较容易明白。

◎不仅是保险，也是能够整理自己资产的工具。提供可以模拟将来资金流动的工具。

◎觉得简单过头了。想要更多一点的选择权（虽然太多就会很麻烦也不好）。虽然网页说明很便利，但希望不只是单方面的说明，而能够加上自己特有的情况的模拟，并与此对应进行选择，等等。

◎互联网上的商品说明，希望有与其他公司的明确的比较和关于可信度的记载。

◎详细的商品说明比起互联网来，杂志的形式更容易理解。如果有能说明比较难的内容的面对面型的销售职员就更有帮助了。

折扣

◎除了吸烟者/非吸烟者以外的区别的折扣（只是突然想到的，流行病或身体脂肪等怎么样呢）。

◎如果和癌症保险相组合就有折扣制度的话比较好。

◎保险的结构简单，但保障充实。虽然看上去有点贵，但使用起来感觉合算。与股票一样，3负1胜的结构。可见是一方失败的游戏。

◎费用可以从信用卡支付。从实业者角度来看，会有信用卡的手续费问题，但现在使用（积累）信用卡积分的人不是挺多的吗？我想这些人每月能积累积分会很高兴（特别是航空公司的卡片，听说与一般卡片的使用额度20万日元相比，额度能达到100万日元，以积分交换里程非常盛行）。另外，对信用卡公司来说，每月能够被使用也是有利的，所以也有可能降低手续费吧？

关于应该改善、强化的点，
得到了很多创意（三）

消费者对公司、商品
的感想⑧

顾客服务

◎说真的，有面对面销售的比较安心。商品的详细信息等方面，从销售职员
处听到的各种各样的案例也能发挥作用。另外，比如熟人工作的其他的生保，
有通过销售职员的交涉而使得医生写出适当的诊断书的情况。这种跟进服
务令人放心。

◎虽然不是面对面型，但通过视频可以看到对方的脸。

◎申请时，也许只通过电话、网页的对应就可以顺利进行没有任何问题。但
在告知的时候，如果违反告知义务，担心会影响将来保险费的支付，所以
希望能够好好的面对面申请，解决疑问点。然后，因为负责人是没有见过
的人，所以对实际支付时能否顺利进行也许会感到不安。

◎对客服中心有很难联系的印象（单单是我自己的经验）。虽然要兼顾成本，
但对很忙的消费者来说，在必要时得不到相应的信息会很麻烦。另外，也
许是因为锁定了消费者对象，彻底地削减成本，降低保险费。但另一方面，
客服中心也变为最小限度的，总之只为能通过说明文理解商品特性的人准
备的。无论如何，这也不做那也不做，筛选变成很重要的吧。迄今为止的
保险，这样那样的东西太多，如果不能明白其中区别的话，感觉就会支付
不必要的保险费。

申请

◎网页上的申请不麻烦很好。

◎无论哪个大型生保公司都充实了网页说明、模拟，所以这是更需要加强的
地方吧。友人最近想要加入某损保公司的汽车保险，保险费比其他公司便
宜。因为说可以进行网页和电话申请，所以想要选这家公司。但在电话中
的确认好像花了两三个小时时间，相当生气。电话申请，当然从手机拨打
的也是免费的吧？手机拨打时不是免费的情况很多，这样花三个小时去确
认、询问，到底是便宜还是不便宜也搞不清楚了（虽然不是什么很重要的
事情）。

关于应该改善、强化的点，
得到了很多创意（四）

消费者对公司、商品
的感想⑨

支付

◎都是关于入口时候的事情，那么不是面对面销售的部分，"支付时是什么
样的手续？""支付是何时进行？"想要听听这些关于出口时候问题的详
细说明。

◎不说保险商品部分的差别化，支付流程也有差别化就好了。虽然我没有自
身经验，但总有接受保险金支付是相当麻烦的印象。比如，接受保险金支
付时，如果被告知什么申请也不需要，也许会觉得"啊！太厉害了！"

◎保险金的支付手续顺利。我接受过损害保险的支付，需要医生诊断书等等
这个那个的花了一年多时间。

其他

◎人其实也是挺结实的，所以并非万不得已也是不住院的。我想还是简单、
易懂最好。

◎如果储蓄型能降低保险成本，可以得到一定的好评（因为觉得个人对长期
债权的投资比较困难）。

本章关键点

市场分析，是揭露对市场的抑郁不满和问题，并证明自己公司的商品在作为解决这些问题的方案的作用时十分有效。另外，商品在市场上有多少需求，适当价格是多少，提炼出这一点是很重要的。

关键点 1 浮现出顾客的面貌。

正确看清目标顾客的面貌，不仅是搞清年代、性别、居住地、职业这样的属性信息，也包括认清生活方式和意向这些主观信息，才能浮现出人物画像。

关键点 2 对通常说法存疑，可以看到意想不到的市场的不满或商业机会。

【对通常说法存疑的三个视点】

①关注事实：在被说卖不出去的市场上，没有能卖出去的东西吗，查找事实。

②从其他切入口分析已知信息：图表不应以直觉去理解，而是首先要对前提条件是什么，图表的刻度是什么，有什么可能的不同看法提出疑问。

③亲自调查原始数据，确认事实。

关键点 3 顾客分类的分析从销售渠道开始

详细分析消费者使用什么样的销售渠道购买商品。为浮现出的顾客层命名，更加深入地挖掘其共通的意向。

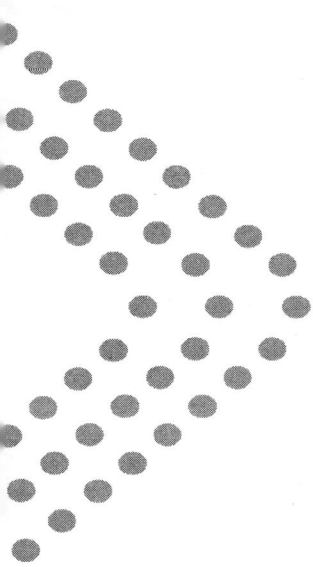

第三章 公司战略

不以 100% 满足客户的需求为目标

从解决方案中提炼战略

在本章中，思考自己公司的"市场营销战略"。那么，话题回到 LifeNet 生命的商业计划。

发现新事业的创意，结束对目标市场的分析后，必须决定自己在其中取得什么样的立场，以什么样的方法去竞争的具体战略。

首先，要思考在行业整体中，自己想要取得什么样的定位。

《钻石周刊》对 23 家主要生保公司的各 50 多名加入者实施了问卷调查。下页图 17 对其结果进行了分析和图表化。纵轴是成本，横轴显示了对加入前的商品说明和提案力的提问的回答。

今后生保公司的典型战略，大致分为两个集团。

其一是商品说明和提案力不高，但成本便宜，邮购型的生保。图中显示在左上的位置。

图 17 基本战略：以压倒性的低成本和高商品说明力，从现有商品中
脱颖而出

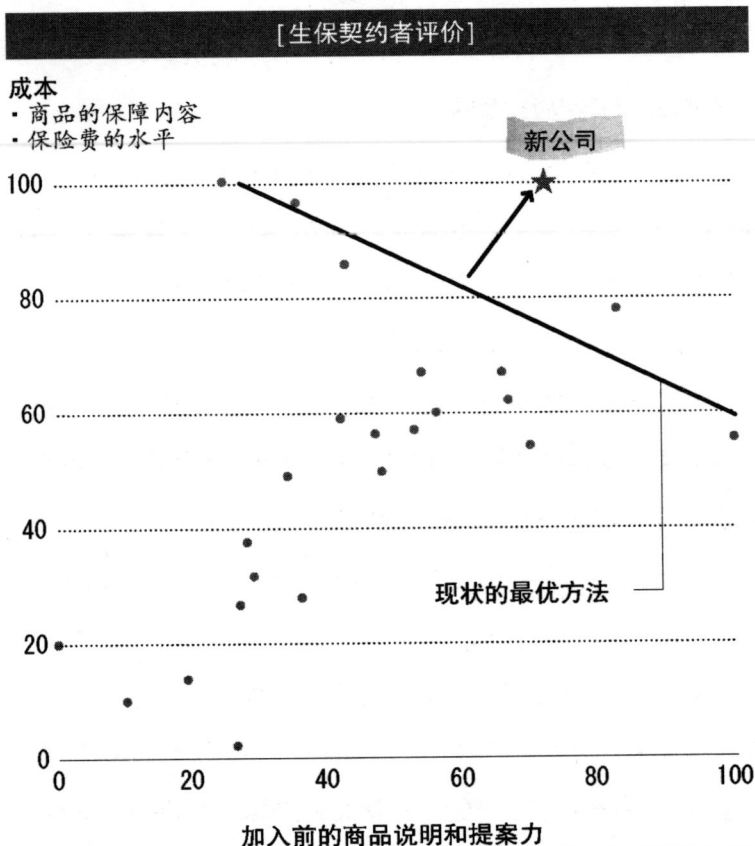

[生保契约者评价]

成本
· 商品的保障内容
· 保险费的水平

新公司

现状的最优方法

加入前的商品说明和提案力

最初开始的工作，是整理行业总体情况。整理的过程中，自然而然
就能发现这个行业的问题点。无论是开始新的业务，还是将新的商
品送到世人面前，对市场的明确把握都是必要的。

出处：《钻石周刊》（2006年7月29日号）。2006年1月20～24日
实施了问卷调查。23家主要生保公司的契约者合计1202人（对各
公司52～54人进行了抽样、回收）。对各评价项目，契约者进行
非常满意、比较满意、都不是、稍有不满、非常不满的五阶段评价。

另一种是成本未必便宜，但认真进行说明和提案，所谓的顾问系生保。图中显示在右下的位置。

我们 LifeNet 生命，灵活运用互联网，打破这样传统的规则，我想能够占据新的位置。

具体来说，要能提供比迄今为止价格更便宜的邮购系生保更有竞争力的价格，灵活运用网页的新技术和双向性，提供比纸质宣传册和传单更充实的商品信息和模拟工具。

我思考的互联网的本质（之一）是，迄今为止只有大企业和一部分个人才能访问的软件或信息，被以便宜的价格提供给个人，其结果是每个个人都被授权（给予权力）。从而可以消除卖家与买家之间存在的极大的信息不对等性。

另外，为此需要大的方针。我们认为不是通过互联网"销售"生命保险商品。

而是成为帮助每个顾客"选择""购买"最适合自己的生命保险商品的存在。

这样明确决定了方针，对策也就清晰了。假使有对保险公司方稍为不利的信息，如果坚信真的是为了顾客，那么就会毫不动摇地去传达。

针对生命保险没什么必要的人，就可以坦荡地说："对你来说生命保险并不必要。请将这部分保险费用于更丰富的人生。"

关于商品设计，根据第二章中对顾客的详细分析，确立方针和原则（原理、原则）。今后，每当在具体工作阶段感到迷茫时，我们就回头来看看这个方针。

最重要的方针是"我们不以100%满足客户的需求为目标。这乍一看，也许会认为与以顾客意向为目标的姿态不相符"。

图18 ◎服务的概要

基本的思维方式：准备满足"罗拉"分类的七八成需求的商品
◎"没有单点，而只奉送绝对推荐的套餐的法式餐厅"这样的东西
◎让寻求细致、特约保险的两三成消费者去别的公司

商品只有简单的死亡保险、医疗保险
◎消费者调查中，寻求简单的死亡保险、医疗保险的呼声很高
◎海外有很多在网页上销售复杂商品而失败的事例
◎索尼银行也断言"在网页上能卖出去的只有简单的商品"

并非通过网页"销售"保险而是为"购买"帮忙
◎将销售职员做的事情在网页上进行自助服务
◎对保险公司来说不利的信息也积极公开

　　但实际上并不是这样。为了持续提供便宜优质的服务，如何抛去枝叶聚焦主干是很重要的。于是，我们如上图 18 所示，明确决定"商品只要满足'劳拉'分类需求的七八成就可以"。

　　如果想要对应每个人细致的需求，就会妨碍服务的标准化，带来高成本。战略的本质正在于"如何取舍"。

价格的设定不止看定量分析，还要根据理念

为了寻找为顾客提供的价值，最基本的是"对顾客来说能产生何种程度的经济价值"的想法。MBA 的事例中，对几个商品进行成本构造和对顾客便利性的分析，进行价值定量化的训练。最能体现经济价值的是"价格"。价格设定作为"4P（Product、Price、Place、Promotion）"之一，是市场营销中最重要的战略。决定价格的要素有三个：

①在自己公司的成本（原价）上加上一定纯利率的值。

②对顾客来说的价值（顾客觉得可以支付的价格）。

③市场竞争的价格标准。

但价格设定有时不能仅参考这些理论的要素。比如，自动售货机的可口可乐价格进行实时变化会怎么样呢？以热天高价格、冷天低价格这样的逻辑来设定，实验性的实施能动变化价

格时，招来了顾客的强烈反对。

这样的价格设定，在例如机票和酒店住宿预订中会被使用，但用于日常商品中，就会被认为是乘人之危的商业方法而产生抵触心理。

我们分析其他公司的保险费，认为以便宜 3 ~ 5 成的水准可以一决胜负（图 19）。

LifeNet 生命将迄今为止高涨的保险费大幅降低，在行业中引起轩然大波，但此价格决定方法却未必一定是合理的。在最终决定保险费价格时，我与社长出口的意见是对立的。我认为"没必要便宜这么多吧。对顾客来说，每个月几百日元的差额并不是对购买能够造成大的影响的金额，如果能够将此差额用于市场营销会有更大意义"。但出口固执己见地认为"无论如何也想要将年轻人的保险费降到半价"。

结果，由于下定决心做针对年轻人降价的价格设定，引起了巨大冲击。因此，这个判断可以说是正确的吧。这也许可以说是 MBA 不会教授的"理念最优定价"。

没有销售员，成本会降低，但也有其他费用

思考 LifeNet 生命的市场营销时，最本质的课题可以集中到一个问题上来。这就是"如何在尽可能不使用金钱的情况下，让更多的客户加入"。

如果没有销售职员，就可以控制成本，这个想法很简单，但实践起来必须解决很多难题。确实，不打电视广告，没有销售职员的话，这部分成本会降低。

但像生命保险这样面向一般消费者的行业，首先必须要让消费者知道公司的存在。一般来说，要让完全没有名气的品牌世人皆知，需要花费很大的成本。

另外，假设知道了公司名，而如果不能在形成想要加入生命保险的欲望的时机上再次想起这个公司名，那么也还是不会加入。

图 19 ◎保险费与现有公司相比以便宜 3 ~ 5 成的水准一决胜负

无分红 定期保险 期限 10 年		邮购 A公司	邮购 B公司	C公司	D公司	E公司
1000万日元	30 岁 男	1,900	1,950	2,380		
	40 岁 男	3,120	3,140	3,770		4,010
	50 岁 男	6,450	6,450	7,470		7,650
	30 岁 女	1,580	1,620	2,010		
	40 岁 女	2,320	2,360	2,880		3,100
	50 岁 女	3,790	3,850	4,470		4,670
3000万日元	30 岁 男	5,100		6,210	5,970	6,060
	40 岁 男	8,790		10,410	10,200	10,260
	50 岁 男	18,750		21,450	21,360	21,180
	30 岁 女	4,140		5,100	4,830	
	40 岁 女	6,390		7,710	7,440	
	50 岁 女	10,800		12,510	12,300	

注1：H公司是1年契约定期保险持续10年的平均额
注2：I公司和J公司在1000万日元的定期保险上附有1000万日元的灾害
　　死亡溢价特约保险。与其他商品比较时必须要考虑。大型生保的灾害
　　死亡溢价特约保险的保险费不论年龄而根据性别不同是一定的，男性
　　特约保险金每1000万日元合400日元左右，女性为300日元左右（都
　　是月额）。I公司在邮购的情况下死亡保险金上限为800万日元

F公司	G公司	邮购H公司(1年定期)	邮购I公司	邮购J公司	LifeNet生命
2,540	2,510	2,146	2,270	2,500	1,328
3,870	3,840	3,482	3,400	3,700	2,580
7,460	7,370	7,103	6,760	7,200	5,898
	2,160	1,795	1,820	2,100	948
	2,970	2,612	2,330	2,800	1,676
	4,500	4,178	4,200	3,720	3,178
6,870		5,380			3,484
10,860		9,546			7,240
21,630		20,409			17,194
		4,485			2,344
		6,936			4,528
		11,634			9,034

※2006年8月当时的保险费表（单位：日元/月）

因此，有必要在这样的时机增加在潜在顾客眼前的曝光。

进一步来说，来到 LifeNet 生命的主页，从商品说明到开始考虑，到最终加入，有长期而复杂的探讨程序介入其中。为了能使其加入，会发生各种你来我往。也就是说，即使可以省略销售职员而直接销售，像销售员一样的各种各样的附加价值功能是不能省略的。

因此，对 LifeNet 生命来说最大的课题是如何不花费大的成本，没有销售职员，而像传统的生保公司一样引导顾客加入保险。

如上所述，我们在 LifeNet 生命开业之前，以行业相关者为中心，进行了"网络上卖不出生保"这样的近乎于神学论争的辩论。

但我本就认为"能不能卖出去"这样二元论的问题设定是错误的。能不能卖出去不是问题所在，花费多少成本，在什么样的时间轴上，将网络生保的顾客基础扩大到何种程度，才是本质的论点。

就像刚才所说的，如果可以无限制的使用成本，极端来说是可以达到 100% 普及率的吧。

```
                        C P A
                 ( Cost Per Action )

  市场营销用语，指获得一个顾客花费的成本。

      宣传活动花费的成本 ÷ 获得顾客件数
            = 获得顾客单价（CPA）
```

另外，如果允许以 100 年为单位来考虑时间轴，也许普及率也会相当高。

因此，有意义的问题，不是指从五年到十年的时间轴上，有数十万日元的获得顾客单价（CPA），而是持有数万日元左右的 CPA，能实现什么程度的契约件数。

市场营销战略的 4 个 Step

　　LifeNet 生命将问题意识置于"花费多少成本，在什么样的时间轴上，将网络生保的顾客基础扩大到何种程度"，提炼出了市场营销战略。

　　"尽量不使用金钱，而使得更多的客户加入"。因此，可以将整体的市场营销战略，大致分为四个阶段：

　　Step1：怎样使得 LifeNet 生命被知道（认知）。

　　Step2：怎样使得进入作为"店铺"的主页（集客）。

　　Step3：怎样使得加入生命保险（销售、签约）。

　　Step4：怎样使得 LifeNet 生命成为话题被关心（口碑、品牌）。

　　以"认知""集客""销售、签约""口碑、品牌"这四个作为核心，提炼出了市场营销战略（参照图 20）。

接近顾客，要瞄准他们生活产生变化的时机

首先，解决 STEP1 的"认知"。作为有效接近顾客的手段，我们考虑了"加入生命保险的时机"这一问题。

具体来说，就职、结婚、生子这三个阶段，应该是考虑加入生命保险最适合的时机。

图 20 ◎体制

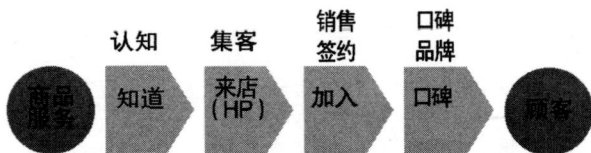

这样说来，如果在处于这些时期的人集中出现的场所进行宣传，应该要比没头没脑去进行市场营销能更高效地找到潜在顾客。

图21显示了在人生主要阶段对生命保险的加入和重新评估，以及进行这些行动的需求。最右侧一列，是认为对潜在顾客有效的媒体名。

我们对这些媒体进行积极的广告宣传活动和网页广告，想开展更高效的宣传活动。

绘制战略的总体情况

下面，对 Step2 的"集客"、Step3 的"销售、签约"、Step4 的"口碑、品牌"进行论述。

关于"集客"，大致分为 4 种①自然流入、②网页广告、③网络系的保险代理店、④股东企业的联盟。虽然都是假设的数字，但却为想要从各个流入路径获取多少顾客设置了前提。

关于"销售、签约"，对首次访问主页的顾客在申请结束前的阶段进行划分，分析了各个阶段的"通过率"。据此可以明确哪里是瓶颈，哪里应该进行修改。

而作为各个阶段的改善方案，考虑网页的改善和客服中心的跟进。

关于"口碑、品牌"，列出尽量不使用金钱而使更多人知道的措施并一个一个着手去做。

如图 22 所示，描绘出获取顾客战略的总体情况，就可以做出战略性市场营销活动的具体方案。

图 21 ◎聚焦作为加入生保的契机的"人生阶段"

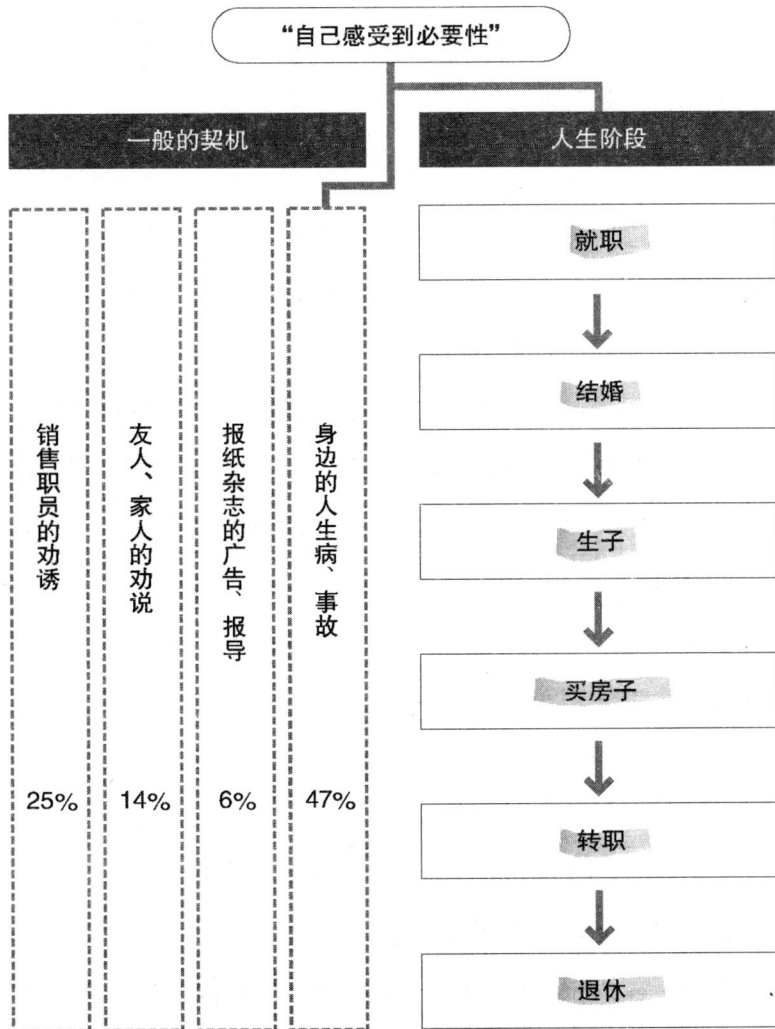

```
              ┌─────────────────────────┐
              │   "自己感受到必要性"       │
              └─────────────────────────┘
```

一般的契机	人生阶段

销售职员的劝诱　　友人、家人的劝说　　报纸杂志的广告、报导　　身边的人生病、事故

就职 → 结婚 → 生子 → 买房子 → 转职 → 退休

| 25% | 14% | 6% | 47% |

资料：笔者根据邮政综合研究所、2006年调查（加入的契机）制作

潜在顾客数	加入·重新评估率	生保需求	主要媒体 （网页的情况）
35万人	高 50%？	"成为了社会人，姑且来一个"	https://next.rikunabi.com https://mynavi-agent.jp https://job.nikkei.co.jp http://www.gakujo.ne.jp
144万人 （72万组）	高 50 ～ 75%	"因为有了要守护的"	www.zexy.net http://wedding.walkerplus.com www.weddingpark.net
110万人	高	"考虑孩子的将来"	http://shop.benesse.ne.jp http://women.benesse.ne.jp http://akasugu.fcart.jp http://pigeon.info
128万件 （新房完工件数）	低～中？	"总想着住宅贷款，保险也是最适合的"	HOME'S www.inforent.co.jp www.apamanshop.com http://home.adpark.co.jp
329万人	低？	"转职时对保险重新评估"	http://job.yahoo.co.jp http://tenshoku.mynavi.jp @type http://toranet.jp
145万人 （仅高龄退休）	低？ （有退休金需求）	"孩子独立了，担心老后的生活，也在意健康"	STAGE （WEB媒体少？）

成为"苹果"那样被买方追逐的时尚企业

所谓市场营销，容易成为了解市场和顾客，分析市场需求的行为。也就是说企业方追逐市场和顾客的行为。但是，市场营销的本质并不只是这些。比如，像 iPhone 和 iPad 等众所周知的苹果新产品，不是想被市场和顾客"知道"，而是构筑起了压倒性的品牌冲击使得顾客方采取积极行动，这也是重要战略之一。更简单的说，就是不是去追逐，而是成为被追逐的企业。

对这一点来说重要的是品牌战略。

金融商品，因为看不到样子，也不存在专利，所以很难在本质上进行差别化。虽然一直以来销售负责人是差别化的源泉，但像现在这样商品多样化的情况，顾客在销售负责人和商品力、公司品牌之间，会首先斟酌后者。于是，踏实打造使价格等功能以外的部分可以作为被选择的要素，也就是企业品牌，是不可缺少的。

图 22 ◎从①集客②销售、签约③口碑、品牌的三个视点来思考

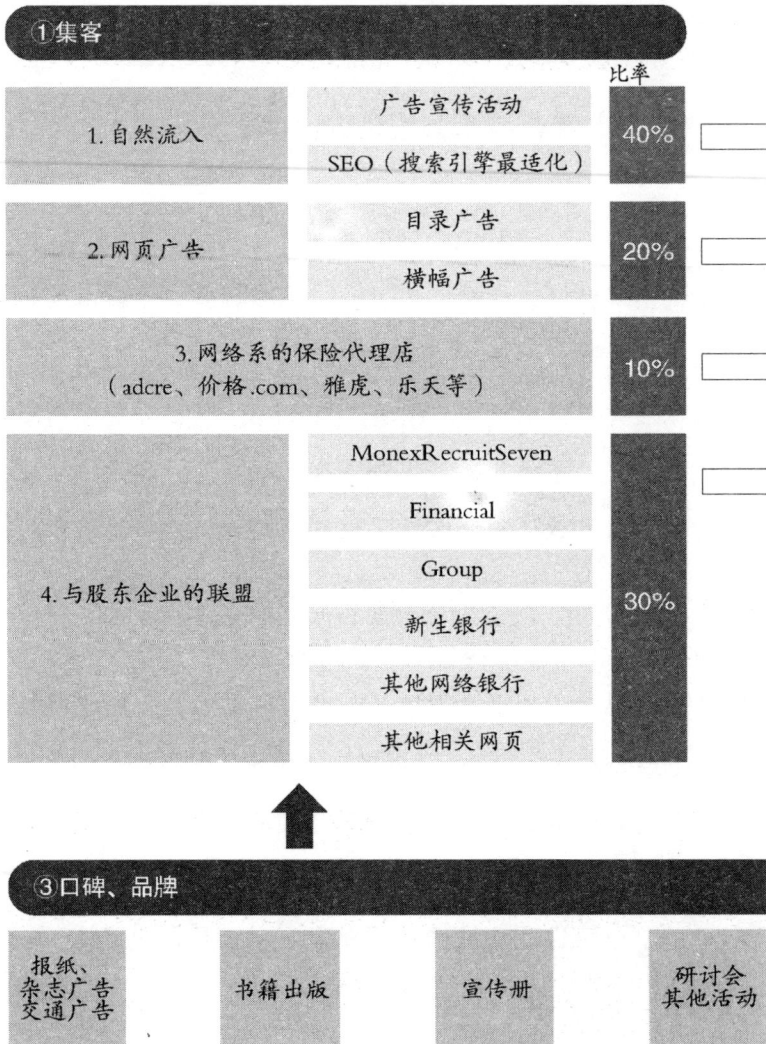

①集客

		比率
1.自然流入	广告宣传活动 / SEO（搜索引擎最适化）	40%
2.网页广告	目录广告 / 横幅广告	20%
3.网络系的保险代理店（adcre、价格.com、雅虎、乐天等）		10%
4.与股东企业的联盟	MonexRecruitSeven / Financial / Group / 新生银行 / 其他网络银行 / 其他相关网页	30%

③口碑、品牌

报纸、杂志广告交通广告	书籍出版	宣传册	研讨会其他活动

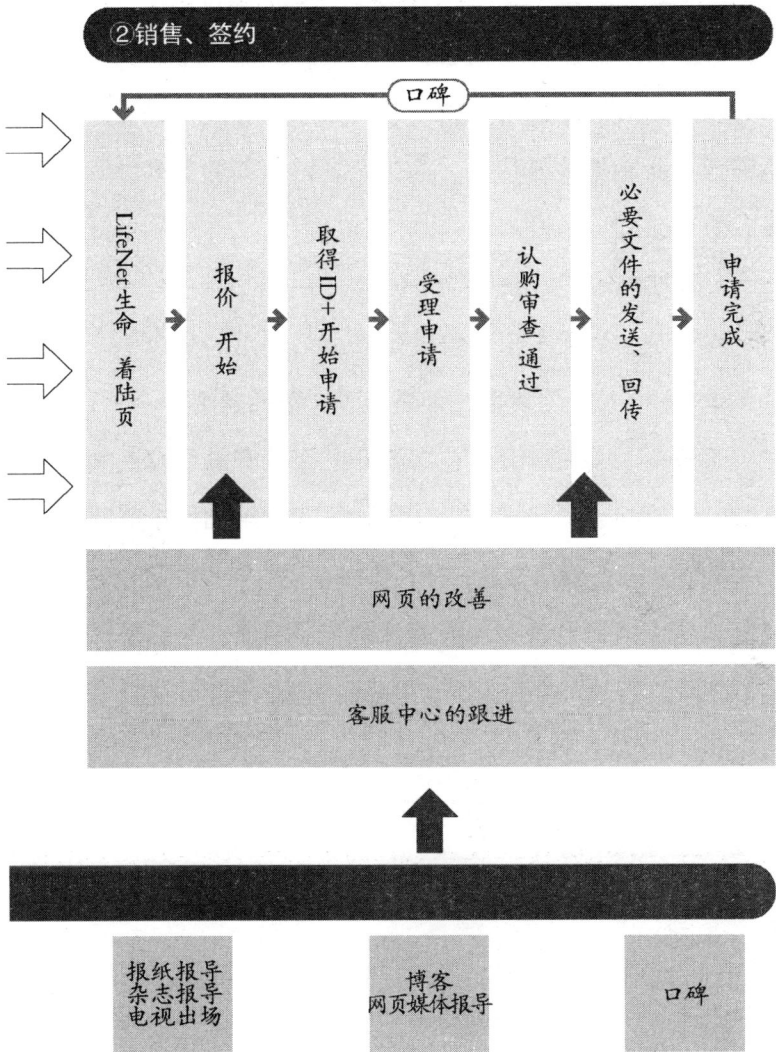

LifeNet 生命的品牌打造，由以下要素构成。

首先是"真诚信"。在信息公开不充分的生保行业，作为反命题登场。不管怎样，决定"彻底公开信息"。

即使是对保险公司来说不利，如果对客户来说是重要的，就要毫不隐瞒地公开信息。这样"真诚信"的姿态，得到了很多人的支持。

实现这些的具体例子有两个。

其一是主页上关于保险的信息。整理出的观点是，这些信息并非是为了"卖"保险，而是为了"帮助购买"。

而另一个是在行业中首次公开了保险费的手续费结构，也可以叫作"保险的原价"的"纯保险费"和"附加保险费"的明细。

从创立准备公司开始，社长出口就说："也许有点儿荒唐，但想要使在网络上购买保险这件事变成时尚。"另外，在年轻员工之间说起"想要打造像苹果公司那样的流行品牌"。

取得执照之前先着手制作主页

因此，作为顾客与 LifeNet 生命之间窗口的主页的形象，就要很有特色。但是，在提炼商业计划的阶段，主页是不存在的。那么怎么办呢？要在现状允许的尽可能的范围内按照印象来制作。

不管怎么口头说明，要想向对方传达自己所想的印象是很困难的。因此，还是有必要以可目测的形式将其具体化。当时主页的形象，与现在的 LifeNet 生命主页完全不同。但是，我想从始至终，都起到了传达新鲜感和安心感印象的作用。

迄今为止的金融行业，还未取得执照的准备阶段公司开设主页，这本身就是史无前例的。非常感谢监督当局金融厅，对能否取得执照都还没有定论的阶段公司进行这样的活动不加责难。

虽然当时没有这么明确的战略意图，但这些宣传活动为开业后的宣传活动打下了坚实的基础。

以开业的势头为开端，和有之前两年的积累相比，对潜在顾客来说的认知度和行业内的存在感、对大众传播的吸引力，以及在将来工作人员对自己公司的 PR 方面，实际上大有不同。

特别是在开业日，NHK 通过摄像机马上向全国进行了播放，两周后朝日新闻周末版"be"的 [领先] 特辑，以两页的全版做了大规模报道。这些都反响强烈。

其他的，开业前在东京电视台的"世界商业流动广播"播放了两次，每次三分钟左右。这些一个一个的行动，虽然不是立刻就带来了巨大效果，但如同中药一般慢慢起作用，扩大了在消费者间的认知，种下了"在哪里听说过"这样的印象。

销售产品，更要销售其背后的故事

在创立前就意识到要打造品牌。这是指"不单是销售新公司的商品，也要销售'公司'"。将公司创立前的故事和创立过程，与潜在的顾客层共享，这样应该能捕获更多顾客的心吧。

这个启示是从以前在演讲会上听过的乐天的三木谷浩史社长的讲话中得到的。

三木谷社长说："乐天中，有处理鸡蛋的网页。将产下鸡蛋到压碎鸡蛋的过程记录在博客上引起了强烈反响，而总是预约等待的状态。即使是鸡蛋这样在哪里购买都一样的商品，像这样被赋予了'故事'，就与其他公司进行了差别化，产生了人气。"

三木谷社长以此为例，讲述的是在网络购物的时代，人们不只是购买商品，还想共享它们背后的故事。

LifeNet 生命也想在商品有竞争力的大前提下，将如何制造商品和创立公司这样的理念和创业故事与商品结为一体。

因此，讲述商品时，尽量努力传达了创业的理念和进行这种商品设计的想法。

而且为了努力使实际运营公司的人们能看到，在主页中加上了我们的自我介绍、想要创立新公司的理念、社长博客、员工博客，将创业的原委以故事形式制作成"创业物语"通过邮件电子杂志发送并在主页上刊登。

因为我们确信，这种新风格的市场营销，无疑正是当今消费者所寻求的东西。

实际上，保险商品本来就是难于差别化的。无论成立哪个公司，除去手续费就并没有大的区别了。因此，一直以来销售职员的人品是重要的决定因素。我想，人们并非关注细小的商品差异，而是关注自己加入的公司抱有什么样的社会使命感。如何才能让更多的人对 LifeNet 生命的创业理念产生共鸣，这才是应该去思考的。

开业前两年要开始宣传活动

品牌内容确定后，问题就是具体以什么途径广而告之了。

开业前宣传的良好契机，是我 2006 年 11 月出版的《哈佛 MBA 留学记》（日经 BP 社）。虽然是将留学中记录的博客重新总结而书籍化的东西，但却意想不到的成为话题，与毕业后组织网络生保准备公司的采访联系了起来。

具体来说，日经新闻的晚报对其刊登了大特辑，以及年初被东京新闻以及面向年轻商务人士的杂志《GQ JAPAN》刊登了的 6 页的大特辑。

这吸引了很多人的眼球，成为"这人是什么情况？"这样一种认知的契机。

而且，令人高兴的是，定期购买和阅读杂志的网络工程师加入了我们公司，以他为契机又有 6 人加入了公司。

另外，在留学中读者众多的博客，在回国后改名"生命保险创业日志"而继续写了下来。1 天的网页访问量有两三千，虽然还没有达到具有大影响力的人气博客水平，但在一般商务人士的博客中属于有大阅读量的了。

从媒体方来看，"哈佛前5%"这一引人注目的经历与"生命保险行业"的不相称似乎很有趣。

这里我学到的一点是，大众传播的媒体方希望成为话题的是"意外性"和"不相称"带来的"时代性"。

比如，以前被日经新闻一版的特辑刊登过一次照片，但那时是以"工作生活平衡"为标题的。我绝非是主动想被刊登的，但发送一些符合潮流的信息，就会被集中采访。

另外，以出版和采访报道为契机，我与社长出口二人，也被邀请过出席演讲会。

为了使更多的人了解，宣传是不可欠缺的。不花金钱的代价是进行时间的投资。为此，从新事业开始的时间往前倒推，制作了使更多人了解公司和商品的时间表（图23）。

我想对于访问 LifeNet 生命主页的顾客，并不是要一口气都让他们加入，而应该先邀请进家门，喝一杯茶，带走宣传册，慢慢去研究。

图 23 ◎市场营销方案：想要来年 5 月掀起波澜，现在就开始准备

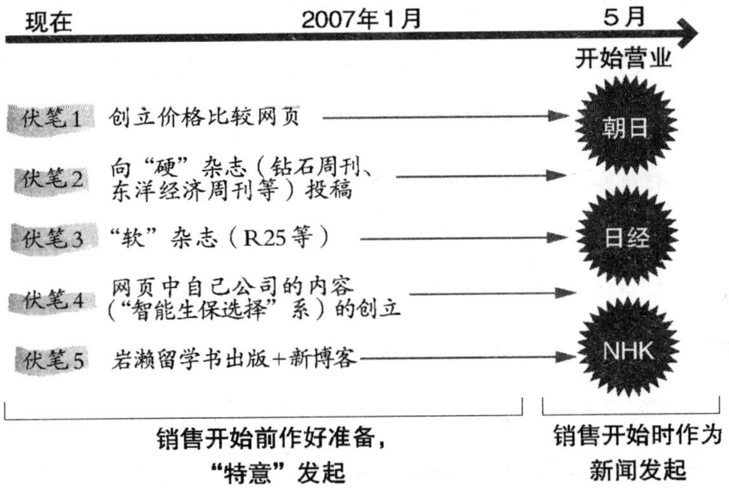

当然，成本意识很重要。于是对加入可能性低的，甚至包含保险公司在内的大量索要整套资料的情况，并没有一下子极力发送。而是以访问自己公司主页的主动索要资料的顾客为中心，只锁定加入可能性高的顾客层发送资料。

网页来访者中能有多少索要资料的，这被主页引导方法极大左右着。如果在最引人注目的位置设置大的按钮"索要资料"，可以促使更多顾客索要资料，而如果放在难找的地方，按钮又小的话，就会不索取资料直接关掉了。

令人意外的是，对这个签约措施的推进造成障碍的，是生命保险公司出身的员工。

提出的意见是"因为讨厌生保的推销而来到了 LifeNet 生命，却又被进行保险劝导"。

确实，德鲁克说"市场营销的目的是不要推销"。但完全不去推销就能卖出去的东西，实际上并不多见吧。

海外的案例和现状也要分析

想到什么新创意的时候，在想要开始实际行动前，很多人都会调查一下过去有没有相同的事例，想着这些事例之中有没有什么能够作为参考的启示。

当然，我们在创立新的生命保险公司时也是一样。

生命保险的在线销售，海外已有实例。在调查阶段，从一部分生命保险公司的主页一直进行到了购买手续的阶段。1990年代中期，以美国为中心，对生保的在线销售期待很高。其结果就是大型在线中间商不断上市。从这其中的成功案例、失败案例中，我们得到了创立新事业的启示。

调查的目的是从成功案例中学习市场营销和主页建设，而从失败案例中进行失败理由的验证，以及验证在这个项目中失败案例的发生可能性。事先把握可能发生的风险，再对此风险有所防备。

调查方法以灵活运用叫作 FACTIVA（http://jp.factiva.com/）的国内外商业信息和新闻数据库网站的报道检索为主。输入"life insurance+online sales" "life insurance+direct sales" "生命保险公司 +online sales"等可能相关的关键词，踏踏实实去搜索。另外，一边顺着人脉发送邮件，一边对美国、英国的保险从业者进行了访问。

从调查和访问中看到的生保海外在线销售的概要，虽然有一部分从各保险公司网站的直接销售，但还是以通过在线中间商的销售为中心。

在线中间商与复数的保险公司和代理店签约。顾客在线输入信息，就可根据数据显示出复数的保险公司的方案报价，而顾客对这些方案进行比较，申请最喜欢的方案。顺便说一句，2006 年调查时，在大型中间商 InsWeb 上，合作保险公司有 29 家。而 1997 年合作的保险公司在调查时已经全都解除合作，由此可见合作方的更替。

另外，即使使用同一家在线中间商，在线申请能达到什么程度，也根据选择的保险公司而各有不同。

将海外生命保险在线销售的调查结果和从中得到的启示，一边参考具体案例，一边整理成资料。将市场营销战略、网页建设的参考点以及作为风险考虑的从失败案例中得到的启示也都作为资料整理出来。

因为海外案例在市场规模、顾客层等宏观环境上有差异，所以不能将得到的结果简单地作为战略进行参考。但是，它可以在向对方展示时，成为显示"我们做了如此彻底的调查"这样有冲击力、说服力的分析。

为了使大家看到我们很好地提炼出了战略，使对方理解分析的背景和调查数据是很重要的。

比如，以调查结果为例刊登出的其中之一，是举了美国生命保险行业杂志排名第一位的 New York Life 的例子，详细说明并记录了从中得到的启发。

如上所述，构筑了市场营销战略。但无论对战略进行了多么周到的准备，如果没有事业运营的资金，就只能是画饼充饥。

下面的第四章中，详细讲述了怎样筹集资金和招募人才。

本章关键点

借用德鲁克的话可以说，"市场营销的目的是不要推销"。发现顾客未被满足的需求，为满足它而提供解决方案，这样企业即使不去推销，顾客也会自己来寻求商品。这就是市场营销的本质。

关键点 1 "能不能卖出去"不是论点

市场营销战略的重要论点是"花费多少成本，在什么样的时间轴上，将顾客基础扩大到何种程度。"

关键点 2 思考市场营销战略的体制

◎怎样使得商品、公司被知道（认知）；

◎怎样使得进入"店铺（主页）"（集客）；

◎怎样使得购买商品（销售、签约）；

◎怎样使得在加入之后，商品和服务成为话题被关心、被关注（口碑、品牌）。

关键点 3 "销售公司、销售故事"

将公司的创业故事和商品的制作过程与潜在的顾客层共享，可以捕获更多顾客的心。在网络购物的时代，人们不仅想得到商品，还想共享其背后的故事。商品、公司是怎样创立的，将公司的理念和创业故事作为商品的一个"赠品"，这也是市场营销战略。

关键点 4 将提高认知度的时机提上日程

配合创业和新商品开发等想要爆发性提高认知度的活动，埋下宣传的伏笔。持续发送紧跟潮流的信息而引起关注，这些多源于时间和实践的积累，因此日程安排很重要。顺便说一句，LifeNet 生命的情况是从开业前两年开始准备。

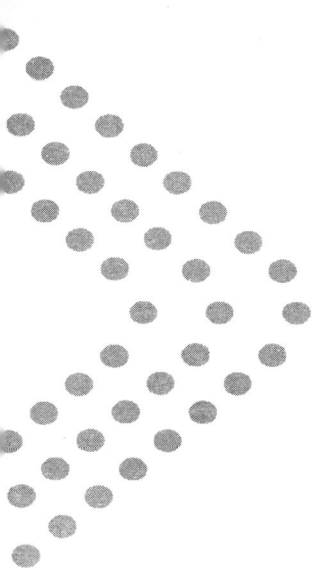

第四章 财务战略和组织体系

企业的资金周转

所有事业成立所需的东西

发现新的事业机会，分析作为对象的市场，可以确立自己公司应该采取的战略。下面，有必要收集为了实行这个方案所需的资源了。具体来说，就是筹集金钱（＝财务战略）、录用人才和组建组织体系。第四章中，整理了这些关于"金钱""人才"的战略。

所有的事业都是由"人才、物品、金钱"来构成的，但如果没有"当前的东西"就无法雇佣人才。如果没有人才，就无法制造物品。于是，本章的前半部分是关于事业运营所需的资金筹集的论述，后半部分进行关于怎样组建组织的总结。

新事业的财务战略

大致区分一下，是由两个阶段构成的：

1. 收支预测（筹集多少，使用多少？）

图 24 ◎企业的资金周转

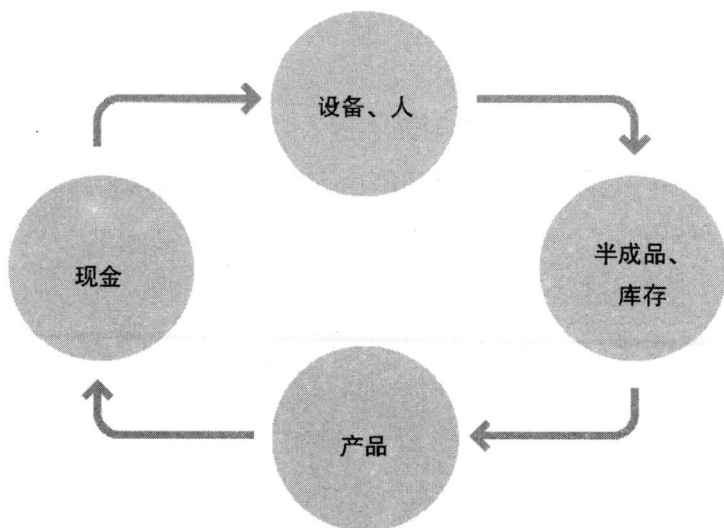

2. 资本政策（从谁、何时、怎样筹集）

我们日常只是作为一名消费者生活，很难对"周转资金需求"有实际感受。这是因为只是像月末领到工资，在下个月发工资前的日子里将这些钱进行分配使用，这样金钱的周转很简单。

与此相对，企业进行事业运营时，先付钱购买设备，雇佣人才，采购材料来制作商品，再将其销售获取金钱，自己最初付出的金钱到回收之间需要花费数月时间。

另外，还有设备和提高企业认知的广告宣传等投资，想要回收超过投入的金额需要花费数年（或者更多）时间。

为了开始新事业，有必要认清这项事业伴随着怎样的现金收支，有什么样的资金需求。

而很多情况下，这个资金需求被销售额预测大幅左右。为了显示事业的魅力，召集更多的赞同者，让他们看到事业顺利发展，大幅成长的蓝图当然是很重要的。但即使在事业并没有按照预想发展，销售额（和收入）没有增长的情况下，也有必要避免资金短缺。即使在对自身来说销售额没有按照预测增长的悲观情况下，也要保持充分富余的资金去运营事业。

现金为王，现金是企业运作的"血液循环"

　　对企业活动来说，资金的流动就如同血液循环一样。由出资或者借入而筹措资金，以此资金来雇佣人才，购买生产设备，采购材料来生产商品，向顾客销售，回收资金。

　　从中产生的利润用于返还借入金，为了成长进行再投资，将剩余利润对股东分红。企业财务就是这样的资金周转，也就是关于

　　●如何筹措资金；

　　●怎样投资；

　　●如何向利害关系者分配利润。

　　为了寻找更高效地运用有限资本的方法的行为。除此别无其他。

　　由于 2008 年金融危机的影响，市场融资资金枯竭，导致即

使有利润也会因为资金短缺而破产的"盈利破产"在日本急剧增加。MBA 的财务课程中首先教会的就是资金流动经营，也就是相较于会计上的利润，现金收入的重要性。无论产生多少利润，在对供货方的支付和从顾客处的收入之间有大的时间差的情况下，事业的扩大容易导致深刻的资金不足的结果。

　　哈佛商学院的第一次课程中引用的案例，是持续急速增长的木材厂家的财务战略（图 25）。

　　只要看损益计算书，就可知产生了利润，销售额也顺利增长。但好好看一下资产负债表（借贷对照表），就会发现为了事业扩大，周转资金膨胀，大部分是由短期借入和对供货方的赊购债务的增加来维持的。

　　这样的过度依存于他人资本的急剧成长，不是可以持续的。因此，这个公司不能说是在财务上的优良企业。

　　与此相对作为优等生存在的是电脑厂家戴尔。进行预约生产，与为了销售而持有大量库存的传统型商业模式不同，从顾客处接受订单后再进行生产的商业模式的确立，使得库存急剧减少。从顾客处得到预付款，而之后再向产品厂家支付，这样一来，周转资金中必要的债务为零，也就是说创立了"销售额越增加资金越积累的商业模式"。

图 25 ◎如果没有资金流动，企业就不能持续成长

[损益计算书]

	2008年	2010年
销售额	1,600	⇒ 2,400
纯利润	30	45

> 也产生了利润，也提高了销售额

[资产负债表]

资产	2008年	2010年	增减
现金	50	25	− 25…❶
赊销款	150	300	+150…❷
库存	250	400	+150…❸
固定资产	50	75	+ 25…❹
资产合计	500	800	+300…❺

负债＋纯资产	2008年	2010年	增减
短期借入	100	200	+100…❻
赊购款	150	300	+150…❼
长期借入	100	50	− 50…❽
负债合计	350	550	+200
纯资产合计	150	250	+100…❾
合计	500	800	+300

资产的用途

赊销款的增加	150…❷
库存的增加	150…❸
对固定资产的投资	25…❹
对长期借入的返还	50…❽
合计	375

> 为了扩大事业而使周转资金膨胀

资金的筹措

短期借入的增加	100…❻
赊购款的增加	150…❼
现金存款的零取	25…❶
利润的内部保留	100…❾
合计	375

> 短期借入和供货方的债务增加

作为改善资金流动的方案：

◎最小化库存（快生产快销售）

◎卖出商品后尽可能快的回收货款。

◎支付尽可能长期。

可以有这些考虑，但戴尔可以说是对这些冥思苦想而得出的终极模式吧。

保险业从资金流动这一观点来看，是非常有魅力的事业。从签约者处提前得到保险费，而作为将来支付保险金的积累，在这一点上，是与戴尔一样不需要周转资金的。为了获得契约，虽然有时在初年度会投入大额的推销费用，会计上的损益不太好看，但如果能够构筑起一定的规模，会是资金宽裕的事业。

有关资金筹措的方法

决定了必要的筹措金额，下面就有必要探讨以何种形式募集这一点了。

资金有两种大的类型。"负债＝借入"和"资本＝股份"。关于两者性质的不同，图 26 进行了总结。

如果事业比较安定，资金流动可切实预见，就应该以借入（debt）来筹措资金。这样资金的成本就低。

但事业伴随着高风险，如果要寻求共同承担失败成本和成功果实的伙伴，就应该考虑股份出资（equity）。当然，出资方会要求抵消风险的高回报，将来也必定要求股份公开或者分红。

与一般情况下借入成本（利息）为 3% ～ 5% 左右相较，以股份形式筹措的资金成本为 15% ～ 20%，像风险投资这样的不确定性高的资金，则期待年 30% ～ 40% 的收益，在收支计划上也要能显示出实现此种程度高收益的成长性。

图 26 ◎借入和股份的不同

	debt（负债=借入）	equity（资本=股份）
成本（利息/收益）	低	高
风险	低	高
顺利的话……	相同（低）	高（无限）
破产的话……	也返还	零
返还手段	支付利息	分红、售卖收益
出资人	银行（交易方）	投资家、合作企业
时间	短期	长期（无利息）
返还的优先顺序	优先	滞后
税金	利息和税前	（如果有利润剩余）分红在税后

在这一点上，LifeNet 生命从最初开始就自信具有高成长潜力，且把将来会成为社会"公器"的股份公开纳入视野，因此对股权筹措了资金，也就是募集了股份出资者。

下面作为具体的后补出资者，可以考虑重视大经济回报的金融投资公司和与新生命保险公司在事业上有合作意向的实业公司。

我们考虑尽量接受可以自己动手支持事业成长的实业公司作为股东。理由之一是生命保险事业就像一部分 IT 风险投资一样，不是可以短期取得大利润的，而是长期的。

考虑后补出资者时，我们也是以第一章开头介绍过的"创业精神的定义"为准则的。也就是说，去除一切"谁可依靠""认识谁"这样的制约，而从"谁成为股东对事业的成长最有利"的视点出发，制作理想股东的清单。

高效使用资金

　　我们国家以"无借款经营"为楷模，认为"没有借款比较好"。与此相对，财务理论认为借入（某种程度内）是为提高资本效率而应该积极运用的。以他人资金为杠杆扩大事业，提高自己资本的效率，在这个意义上，使用"借入资本利用率（杠杆）"这一表达。

　　比如有预计每年租金利润 150 万日元的价值 3000 万日元的公寓。在此情况下，如果手头上有等额的资金，是应该以现金全额购买，还是以一部分利息 3% 的贷款来购买呢？

　　如果现金全额购买，

　　A：以 3000 万日元自己资金投资，自己资本利润率（ROE）为每年 5%。

　　与此相对，

　　B：如果借入 2000 万日元，只投入 1000 万日元自己资金，在支付 60 万日元的利息之后，ROE 仍然能提高到 9%。

这里剩余的 2000 万日元自己资金，可以用于其他有魅力的投资物件。

根据这个理论，借入越多，自己资本的投入越少，ROE 就提高，但这是以能够借入，并能够返还为大前提的。近年世界性金融危机的原因之一，就是低利息导致资金提供过于简单，过剩流动性的状态持续，无限度追求高资本效率而提高了借入资本利用率。

自己资本利润率（ROE）

用于判断"1 年内投资的自己资本（股东资本），获得了何种效率的利润"的指标。

自己资本利润率（ROE）＝ 当期纯利润 ÷ 自己资本 ×100

另外，Steel Partners 和村上基金等投资基金认为归根结底是"出售闲置资产，通过分红等返还股东，以减少自己资本的投入，据此提高 ROE"。这个主张本身作为追求股东资本效率最大化的基金的理论来说绝无错误，但从应该如何公正的分配企业内部长年积蓄的利润这一观点来看，未必会得到社会的支持。

在公司工作，也许平常对这样的资金筹措没什么意识。但例如在提案新的项目时，能够作为独立项目不仅是从自己公司内部而是通过外部借入或出资来筹措资金，对公司来说也会提高资本效率。理解多样的资金筹措手段和对收益有何意义，应该可以增加可选项目和提案的说服力。

如何选择投资人

从 LifeNet 生命准备时开始，就有明日香 DBJ 这个援助公司。但因为它不是实业公司，所以未必能够期待其在实业方面的援助。于是，考虑"有什么样的股东可以更加支持自己的事业"，从零开始列出后补出资公司。

这里的重点是，不是从"认识谁"开始考虑，而是确立"想要谁成为股东"的角度，再去讨论可否。我们常常容易以自己知道的人或依赖的人为轴心去考虑。很多人有强烈地先入为主的观点，认为商务就是人脉的世界。

但从创业精神的定义学到的其精髓是"不看经营资源，从机会考虑"。决定先不考虑有没有人际关系，先列出纯粹想要一起工作的公司，之后再去想接触的方法。

通常，风险投资企业的资金筹措，先是使用自己的资金，再依靠风险投资和专门培养风险投资的企业出资。最终得到可以期待在事业上有加成作用的实业公司的资本合作。这是一般的流程。

但是，我们希望从最初开始，就有实业公司出资。实业公司与投资公司相比，会以长期的视野判断事业的成长，比起投资回收更会考虑事业的发展。除此以外的更大优势是，可以实际得到介绍顾客这一实业方面的具体支持。

选择出资公司时，我们首先考虑的是与 LifeNet 生命亲和性最高，亲自进行网络金融业务的公司。考虑网络生保这一新商业模式时，1999 年的证券手续费自由化和网络证券的成立是非常有参考价值的。

于是将网络证券作为后补列出，向其中作为意见领袖存在的开展创造性服务的 Monex 证券和在网络银行服务方面评价很高的新生银行发出邀请。

另外，因为与其他行业的合作也纳入视野，所以也列举了零售业和综合商社。零售业中，站在消费者的视角，考虑能否邀请创立了新零售业的 Seven・Financial・Group[①] 出资。认为其可以补充作为生命保险新设公司的信用，在构筑面向消费者的事业时传授知识。更进一步来说，以巨大的顾客网来进行集客

---

① 　　Seven・Financial・Group 集团公司，旗下有著名的 711 便利店等品牌。——译者注

也很令人期待。综合商社被评价为"从拉面到火箭"范围广阔，可以期待其方方面面的援助。于是从大型商社中，决定对面向消费者的事业开展较多的三井物产发出邀请。

很多人将人生事件作为生命保险的购买契机。于是，考虑在"就职""结婚""生子""买房"这样的人生事件中有优势的公司时，浮现出的是 Recruit Holdings Co.,Ltd.。其代表性的媒体"https://next.rikunabi.com""www.zexy.net""http://akasugu.fcart.jp""SUUMO"可以覆盖这些。

图 27 ◎积极接近作为候补出资伙伴列出的公司

	是否给予消费者安定感	新的形象	消费者/网页市场营销的知识	对出资的关心	决断的早晚
Recruit Holdings Co.,Ltd.	○	◎	◎	?	◎
Monex Group Inc	○	◎	○	?	◎
新生银行	○	◎	○	?	○
Seven · Financial · Group	◎	○	△	?	?
（参考：明日香DBJ）	◎	△	△	◎	◎

LifeNet 生命的事业计划，本就不是到处都有可以委托的人

的计划书。归根到底是追求商业理想所得的。实际上，我们并没有向很多公司进行出资邀请，且对于风险投资企业来说是史无前例的少。即使这样，依然能以高命中率得到邀请方的赞同，这是因为对理想状态的追求引起了很多企业的共鸣。

困难之时能得到帮助吗

　　我们明白创立风险投资，时常会有很艰苦的经历。投资家在事业没有按照当初所想而陷入困境时，有人什么也不说而在力所能及的范围内拼命帮忙，也有人会责难事业没有按照计划进行，不进行增加营业额措施的提案，而只主张削减成本，"反正就这样做吧"这样对经营者施加精神压力。

　　后者的类型，大概是因为自己没有风险投资的经验，在本质上是完全错误的。新事业进入轨道需要花费时间，经营不是想要什么就有什么的"百宝箱"，只能一步一步踏实地坚持下去。另外，创业者赌上自身的资金和在商界的声望（评价）以殊死的决心一决胜负，并不应由投资家的褒奖和批评就去改变经营判断。

　　预测今后的成长而去筹集资金时，谁都是友好、和蔼可亲的。然而看出此人真正的人品、试出两者关系的却是事业萧条不景气的时候。如果可以选择投资家，奉劝不要选择"困顿时落井下石的类型"，而是选择什么也不说默默出力的伙伴。风险投资的出资方，是要长期同甘共苦，像"妻子"一样的角色。

让别人对工作施以援手的因素

开业准备时，某位前辈创业者曾经说"你们一定会成功。这是因为你们有让人一看上去就想施以援手的'东西'。风险投资最终是以'能得到多少人的帮助'来决定成果的"。

听到这句话时，还没有开始营业，所以并没有什么实际的感受，只是觉得"是这样啊"。而一旦开始事业，经过最初几个月的苦战，就深深感到了这句话的分量。这有几个理由。

首先，以广告代理店和系统开发者为首，共创事业的合作企业的负责人们，变得想要努力去做。大家虽不能说是讨厌，但因为是工作所以没办法必须要做的，和自己对某处内容感到共鸣而去做的，倾注的热情和完成度都大有不同。

在业务上的交往中，能够感受到对方超越工作的价值，其优势不可估量。

加上没有直接工作关系的人也说"我想帮忙"，那么就能得到像"后援团"一样的帮助。当然有通过博客等进行踏踏实实的口碑相传，而其中也有主动举办演讲会让我们去当讲师的。客户中也有人说"想要在自己的新公寓分发 LifeNet 的卡片，希望邮寄 400 份到自家"。LifeNet 生命到现在的跃进，可以说离不开他们"后援团"的存在。

出口从开业准备开始，就说"想要使在网络上购买生命保险变成一种时尚"。当时我想，这真是夸张啊。但从开业到现在经过了两年，在博客和推特上高兴地写"加入了 LifeNet"的报名者引人注目。我想让"合理的聪明的自己选择 LifeNet"成为一种身份状态持续，其理由也是抱有"LifeNet 在尝试好的东西所以想要支持"这样的心情。

那么为什么我们可以得到支持呢？这也许是个不适合自己来讲的话题，但整理迄今为止各方的评价，好像可以得到几个要点。

首先，要抱有这样一种心情。以"想要改变""名副其实"这样的愿景和变革的意志作为基础，事业的成败不过是其结果。虽然一部分出资方担心"像 NPO（非盈利团体）这样没问题吗"，但生命保险一直以来是销售职员"想要卖"的心情过于强烈的商品，与此相对的这样的姿态反而得到了很多的支持。

其次，超过 60 岁的老员工，希望更多的人了解正确的事情而以拼命的姿态全国巡回，这也许也提高了好感。

再次，彻底的信息公开，应该可以消除生命保险内在的卖家和买家之间极大的信息落差，时常会共享对卖家来说不利的信息（"没必要加入这样的保险"），而且也会公开保险费的成本构造。从消费者的立场来看，这种想要实现公正交易的姿态获得了好评。

最后，为了实现理想，向资本金数万亿日元规模的"Gulliver"大型生命保险公司迈进的小型风险投资公司，这样的构思也许容易捕获愿意援助弱者的人们的心理。使其联想到"大卫和歌利亚"。

这些都不是有意去做的，而是后来回顾起来发现的这类事情，因此也不清楚有多少人这么想。

但一定不会错的是，仅靠自己的力量能做的事情极其有限，为了发展壮大，很多人的帮助是必不可少的。

而兼备"使别人想施以援手的东西"，就可以将自己的力量扩大几倍。

抓住左右事业价值的舵手

判断筹措而得的资金如何使用，应该投资于何种事业时，有必要评价投资对象的资产和事业的适当价值。这种推算工作叫作"估价（Valuation）"。

估 价

对筹措而得的资金如何使用，应该投资于何种事业进行判断时，评价投资对象的资产和事业适当价值的推算工作。

将资产和事业的价值大致区分，根据三个方法进行推算。第一个是估计对象的资产和事业将来会产生的资金流动，将其从现在价值中去除并重新计算。

比如，像刚才所说的考虑公寓的适当价值时，在考虑将来的预计租金、维持经费、空闲可能性、其他物件的期待收益率的基础上，有必要进行一定的减价。

第二个是考虑最近的类似交易的价格。比如，如果相似物件的平均价格是 2800 万日元，那么它就成为主张更便宜价格的根据。

而最后一个是卖家的"要价"。不管理论值和类似交易的价格是多少，最终的买卖交易是由双方交涉决定的，所以必须是卖家和买家双方能够达成一致的价格。不仅是不动产交易，企业并购交易以及各种各样的交易价格都是在考虑这三个要素的基础上最终决定的。

大家在着手事业时，也有必要时常意识到"左右事业价值的舵手"是什么。

为了提高每个顾客的价值，可以考虑下面各种方法：

①增加顾客数量。

②提高平均单价。

③降低平均费用。

④减少解约率。

意识到怎么做是与提高事业价值相联系的，这在日常的业务中也是很重要的。

　　但也没有必要只固执于事业计划。我相识的投资家说"风险投资中失败常有，没有按计划发展"。事业计划也被称为应该是为了实现自己投入到风险投资中的梦想而定下的目标。

　　也就是说，重要的是自己创业的想法有多强烈，而伴随这个想法的如果还有数字，那就更好了。

商业计划中要包含意外突变的上限以及下限

　　向投资家出示商业计划，请求出资时，有必要对这个事业有多大发展（突变）可能性的所谓"上限"，以及包含什么样的风险，什么情况下会失败的所谓"下限"明确认识并进行指出。

　　LifeNet 生命的情况，上限是明确的。国内生命保险市场的规模约为 40 兆日元。假设 10 年后能取得 1% 的份额，就能成为4000 亿日元规模的事业。这确实是个"如意算盘"，风险投资事业从市场规模进行由上而下的销售额预测可以说是没有不行的。另一方面，"与互联网开始普及的 10 年前相比，世间发生了很大变化。从今往后再过 10 年，考虑这个房间里 10 个人中的 1 个从网络加入生命保险，是不现实的吧？但认为 10 人中的1 人作为先驱从我们公司购买，也绝非办不到的。"我想这样的主张，是有恰如其分的说服力的。

　　投资家的担忧是事业没有顺利进行的情况，也就是走向下限。即使是专业的投资家，精通生命保险业的人也绝不多。看大型生保的财务报表也很难理解实际的状态，总有暗箱操作无法得知其本来面目的印象。"事业无法维持的话怎么办？"各个公司提出了这样的问题。

这种情况下重要的是认真降低风险，将"茫然的不安"置换为"以逻辑整理的论点"。我们整理了"生命保险公司在何种情况下会破产"。

①散漫经营。

②亏损（过去的高收益商品）在低利润的环境下持续出现综合亏损。

③事业费比保险费高太多而持续赤字。

可以整理出以上三点。我们的情况①和②在结构上是不可能的。而③最终是集中到了"网络上能卖出生保吗"这个本质上的论点。

本来生命保险业就重视"紧急时刻是否能够好好支付"这一财务基础的健全性，保险费与实际的死亡率相比设定是相当保守的（也就是高的）。

因此，只要是进行"普通"的事业运营，破产可能性应该是极低的。另外，即使万一发生大地震等灾害，按照过去的例子也并没有支付金额过多而产生问题的。万一的情况下，保险条款中也有"发生战争、战乱和其他损坏支付计算基础的事态时，免除全额支付"这样的项目。

根据以上的解释，"最终本事业的风险就在于'在网络上真的能卖出保险吗'这一点了。关于这一点，虽然我们有绝对的自信，但除此之外并不能再多说什么。正是这一点，成为出资方要承担的风险。"讲了这些之后，也就得到了认可。

作为补充，有两点可以缩小网络生保事业风险。其一是生命保险本来就是"预付保险费，如果发生事故就支付"这样现金充裕的事业。因为有必要为将来的支付作积累准备，所以损益计算书上的损益很难是盈余的，但在确保当时的周转资金这一点上，资金流动的盈余会早早达成。

其二，保险与银行业相同，是需要内阁总理大臣颁发执照认可的事业，因此不会出现像网络证券那样的很多企业参与而导致过当竞争的情况。

促使本事业诞生的谷家先生，兼有作为外资系投资银行债券和金融衍生品交易商的经验，他评价到"网络生保低风险、高回报，像买便宜期权一样"。

与成功时的回报大一样，失败时的风险小对投资对象来说也增加了魅力。京瓷的稻盛和夫说"如不半途而废，就一定会成功"。风险投资也是首先要取得盈余并生存下去，才能瞄准机会取得大的成功。

　　而且，正确认识事业的风险，这与经营者的信誉相联系。决定出资的某公司的负责董事对我说过，"能够坦率共享风险，这使人感到安心"。

即使损益是盈余项目的也不能说这是个好的项目

判断投资一个项目时另一个很重要的概念是"资金成本"。因为借入伴随利息的支付，所以很容易意识到这会花费金钱成本。比如，很容易明白利息 3% 借入而得的资金，不应投资于收益 3% 以下的项目中。

同样，虽然接受股东出资而得的资本不产生利息，但如果不能给予股东比在其他投资所得利息更高的收益，那就不能创造价值。

比如，假设手头有 1000 万日元的资金，一桩生意每年销售额 10 万日元，利润 2 万日元。但同样以 1000 万日元购买投资商品每年可得 3 万日元分红的话，那么这桩生意从一开始就没有创造价值。

因此，即使损益为盈余，资金流动有所增加，也不能说这是在经营一项有价值的事业。这不仅是指风险投资企业，以公司资产经营某项业务时也是一样。

资金流动的增长方法，对是否超过了一定的期待收益，是否真的创造了价值进行判断的标准。

进行投资判断时，应该听说过对 IRR（内部收益率）进行推测，或者为了企业经营而采用 EVA（经济增加值）这一经营指标，这全都是为了确认这是在经营着超过资金成本，能够创造价值的事业。

即使没有融资的思考方式，也许迄今为止也毫无障碍地进行着工作。但今后已不是认为"无贷款经营"是好的时代了。为了事业顺利进行所做的融资思考，应该不仅是对经营层而是对在工作的每个人来说都有必要的。

创建组织结构

　　确立了创业所必要的资金目标，就该录用人才，组建团
队了。

　　从创业开始仅有的经验使我深刻感受到的是人才的录用，
是怎样影响风险投资的成败的。虽然很多人认为"因为是风险
投资所以无法录用多么优秀的人才"，但这是错的。正因为是
什么资产都没有的风险投资，所以有必要录用最高级的人才。
也正因为是能够经历没有先例的挑战，创立新的事业，体会随
着组织的成长而自我成长的喜悦的职场环境，才有可能吸引创
新的挑战精神和旺盛的人才。如果说有所制约的话，那不是金
钱上的，只能是经营者将自己深信不疑的理想向候补者传授时
的叙事能力。

　　首先，要明确想要什么样的人才。这里也先去除"能请来谁"
这样的观点，而是应该考虑"如果消除一切制约，那么想要什
么样的人才加入团队"。以电视剧或电影的编剧、制片人的心绪，

去考虑角色分配。

极端来说，热切希望各专门领域中顶尖的人才能够加入。

在这一点上，"R25"的创立可作参考。

构想面向 20 多岁的免费报纸这一新商业计划的两名 Recruit Holdings Co.,Ltd. 年轻员工，当时认为"新媒体的总编想要邀请《住在都心》的总编、前辈员工藤井大辅先生"。

我在构想 LifeNet 生命的团队组建时，也想到了几点。操作团队要选择"生保的契约事务交给他们不输于任何人！"这样像工匠一样自傲的人。另一方面，市场营销的负责人我认为是要对保险一无所知，而没有被保险业的常识所浸染的人比较好。

原本我们假设的竞争对手就不只是其他生命保险公司。在这样一个信息爆炸的时代，为了集中消费者的关注，引起兴趣，使其喜爱，必须从所有的消费品、服务企业中脱颖而出，应该认为所有的 B to C（Business to Consumer）企业都是竞争对手。

更进一步，对生命保险这种金融业来说最重要的差别化战略除了品牌别无其他。在这一点上，除了网络生保，其他以成本决胜负的事业也是一样。

结果就是市场营销的负责人，请来了完全是别的行业的有能力的人。

当然，并非所有事情都一帆风顺，也有失败的例子。比如，也有虽然约定要来 LifeNet 生命，但经过半年时间一直推迟，结果没有来的人。

但这些相遇全都是美好回忆，至今仍觉感谢。

如果想要请来好的人才，那么发送信息是很重要的。

召集新伙伴的宣传活动

一般来说，宣传活动容易被认为是为了获取顾客而做的。虽然是这样的，但在创业初期阶段，"召集新伙伴"的招聘用意占了更大比重。

这样想想就容易明白了吧。比起一次召集一万名顾客的措施来，如果能够带来一名常常能够召集100名、1000名顾客的市场营销人才，或是一名能够毫无纰漏高效处理这样数量的契约的人才，或是一名能够构筑坚实支撑这种交易的系统的人才，那么其价值是更大的。

第三章中已有论述，以这样的目的，我们在开业一年前即2007年3月就早早开设了主页，刊载了自己的创业理念，将创立时吵吵闹闹的日常以电子杂志形式发送，博得了好评。另在同年5月开始全体员工（虽然这样说，但当时只有五六个人）轮流进行员工博客的每日更新。对此也有"与费用相比效果不佳，应该停止"这样的意见，但特别制作的页面本着"盛装出席"

的态度，而每日更新的博客则接近"素颜出镜"，传达实际的状态。工作人员的性格和内部活动都以文字形式被透明地展现出来。

考虑向新公司转职的人，会浏览对象公司的主页，想要知道哪怕一点儿公司的实际状态，所以这样的员工博客是很好的素材。而且，看了这样的博客而想要进入公司的人，胸中有同样的热情，在这一点上，极大的降低了录用中（相互间）错误选择的可能性。

本书其他地方也指出过，风险投资企业不能超越在其中工作的人才的才干。所以，在黎明期首先应该全力进行宣传（或者说是市场营销整体）活动，以寻求将来支撑公司的伙伴。

为此，重点在于能将"为什么要做这项事业"这一创业的理念、经营者的思想以及一起工作的伙伴的激情尽力传达出去。

本章关键点

对企业活动来说，资金的流动像血液循环一样。由出资或借入来筹措资金，以此资金雇用人才，购买生产设备，采购材料来生产商品，销售给顾客，回收资金。将产生的利润用于返还借入金，为了成长而再投资，将剩余利润给股东分红。正是这个循环，可以叫作企业财务。

关键点 1　企业财务的要点。

◎如何筹措资金

◎筹措而得的资金如何投资

◎如何向利害关系者分配利润

企业财务是为了寻找更高效的运用有限资本的方法的行为。

关键点 2　以 3 个要素来推测资产和事业的价值。

◎估计对象的资产和事业将来会产生的资金流动，将其从现在价值中去除并重新计算。

◎考虑最近的类似的交易价格

◎卖家的"要价"。以卖家和买家双方达成一致的价格决定

关键点3　即使损益是盈余的，也不能说这是个好的事业。

进行投资判断时，推测 IRR（内部收益率），为了企业经营而使用 EVA（经济增加值）这一经济指标。确认这是在经营超过资金成本，能够创造价值的事业。资金流动的增长方法，对是否超过了一定的期待收益，是否真的创造了价值进行判断的标准。

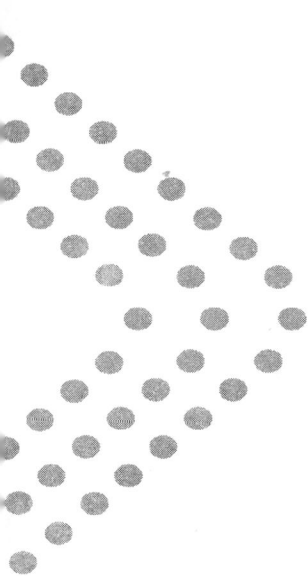

第五章 领导力和职业论

构筑"自己"这个品牌

"认同"和"共鸣"打动人心

在本书的最终章第五章中，想要介绍以这样筹集的"物品、人才"为前提，怎样运行团队，开展新的服务，这些切实可行的方法。在此想介绍一下我认为的怎样积累经验而成为专家。

说服别人时必不可少的是"认同"和"共鸣"。

在组成事业的"人才、物品、金钱"中，哈佛商学院的课程是以风险投资的资金筹集方法，也就是"金钱"为中心的。但是，实际创造事业的是人，进行出资和合作决策的也是人，因此重要的因素在于如何使更多的人对企业自身的项目感到共鸣，所谓"对人才的凝聚力"。

在凝聚人才中，重要的因素可以整理为"认同"和"共鸣"。

"认同"是从理论上，以及以数据进行旁证来传达为何此事业隐藏着发展壮大的可能性，参与其中对对方来说有何有利之处。听故事时都希望故事是单纯明快，听一次就能记住的。如果事前考虑到假设的担忧事项或风险因素并能坦率传达，就更会增加说服力。

是否足够简单，这可以由听到的负责人是否能够用自己的语言简单地传达给他人来进行确认。

"共鸣"是指其他人听到事业的可能性时，能够感到"有的话会很方便""有社会意义""想要提供支持"。实际上，物品的购买过程也是这样，只要顾客感到不"喜欢"，他们就不会买。

这种"认同"和"共鸣"，也就是对左脑和右脑同时传递施加影响的信息时，才能够打动人心，并使其付诸于行动的。

无论是什么样的大企业，提案书或会签文件的通过都是由人来完成的。使这些人感到共鸣的展示是很有必要的。

这次听过网络生命保险销售这一新业务提案的很多负责人表示"我到现在一直不太明白生命保险的商品""我之前一直觉得生保不好"。这就得到了共鸣。得到了很多个人的"认同"和"共鸣"，这可以说是筹集了 132 亿日元资金的重要因素。相反的，无法得到负责人个人共鸣的展示，会签文件也就无法通过。

　　"除去花费大成本的生保销售职员，直接从网络申请保险，保险费半价"这样的商业模式，直觉上是非常容易明白的。

团队整体的活性化

回顾经过大约两年的准备时间终于完成创立的 LifeNet 生命的历程，切实感受到风险投资企业的生命线还是在于"人"的力量。

无论什么工作、处于什么立场，自己一个人能做的还是有限的。工作时，不仅是同组的人，还与上司和其他部门的同事，往来公司和顾客在很大范围上产生各种关系。

如果不能对他们传达目标，使得他们对此目标"认同"和"共鸣"，就不能得到向着目标努力的帮助，工作就无法前进。

这样想来，领导力不仅是经营者和管理层的人所需要的，也是推进新事物时不可或缺的，可以说对所有商务人士来说都是重要的技能。

而且，经过精炼的市场营销计划应该以丰富的数据收集和详细的分析为基础，对领导力和组织中的行动方式也进行充分的信息收集，以逻辑性的体制为基础进行分析，进行战略性的接近。

重要因素之一是，可以变换到对方的立场去看待事物，以有全面的视点。

在哈佛商学院中多次学习过关于同一状况，多个当事者以第一人称叙述的事例研究。"即使是相同状况，立场不同则看法完全不同"这样的课程。

其中仍然留有印象的是某个老字号运动鞋厂家中白人女性经理和其黑人男性部下作为当事者的事例。

让我们从各自的立场来解读两人关系的裂痕。

女性经理安排命公司里都不看好的黑人部下，进行"面向美籍西班牙人的市场"和"面向非裔美国人的市场"的两个调查。她相信这些市场有很大潜力，希望他能够作出实际成绩。并且考虑面向少数人种的市场共同要素也很多，所以两个一起做会比较高效。

对此，部下认为"黑人只知道黑人的市场，这是因为人种偏见才命令做这种调查"而予以拒绝。而且怀疑在短期内同时要求做完全不同的两个项目，这难道不是"故意刁难劝人退职"吗？

这样一来，上司出于好心而部下不能充分理解，这就一点一点加深了隔阂。

而作为经理上司的某部长，认为这个黑人部下不好，使得问题更复杂了。互相之间疑窦丛生，经理想要尽力去做，为了了解哪里有困难而寻求详细报告，而部下由此感到不被信任，认为不被尊重而工作成绩降低。

有趣的是，读各自以第一人称叙述的文章时，无论哪一方，都会令人觉得理由充分，感到是对方不好。即使完全是同一对话，互相记忆中的要点都有微妙不同，都是在进行有利于自己的解释。即使是相同的情况，如此这般的看法相异，这样的事例研究，我读过好几个并印象深刻。

加上立场不同而带来的责任、权限的不同，个人成长的环境，共事的伙伴，持有的世界观和信念，所有都是变数，都会改变对情况的看法。这是与人交往时，不能忘记的要点。也许会认为"这难道不是理所当然的吗"，但在现场实践过的人，一定不多。即使头脑中有所理解，然而一旦自己出现在现场，却常常会迷失方向。

提炼出要点，包括反对意见

　　这样说来，我出现在现场时，也有很多做不好的事情。在我留学之前就职的外资系投资基金中，为各种各样的项目临时组建人数很少的团队，反复地以短期决战的形式一味追求结果，所谓进行"狩猎民族"式的工作推进方法。

　　与此相对，长期为客户提供安定的保险服务的生命保险公司的操作，可以叫作另一个极端的"农耕民族"式的工作。到现在为止，在保险公司的环境中积累了经验的同事们，对我灵机一动突然发出的指示和在短期时间轴上的工作推进方法感到迷惑，这给他们带来了非常多的困扰。虽然我在 MBA 中学过领导力，但仍时常反省不能将其应用于实践中。在哈佛商学院，不仅是在一对一的人际关系上，还是在团队如何高效工作上，以事例研究进行过小组活动。

　　我印象深刻的是每 6 人分为一组，讨论"北极圈遇险小组的脱困计划"。在这个为区分意见而巧妙设计的案例中，对白热化的讨论过程进行了录音，之后大家一起听并进行分析。这样一来，将自己的主张强加于人的人，不肯听取意见的人，一门心思进行总结的人，小组中的强弱和自己的风格都浮现出来。由此，对自己如何能够成为一个好的组员，可以得到启示。

为了团队取得更好的决策，能够多面性的抽取应该考虑的因素，是很重要的。我以克林顿政权时代担任财政部长的罗伯特·鲁宾的决策风格为目标。耶鲁大学法学院出身的他，总是随身携带一本叫作黄色本子的法律家使用的活页，在会议上自己不发言，而是在能够想到的所有赞成意见和反对意见出现以后，才开始下结论，并以此为信条。

作为投资银行交易商而尽量提炼风险，冷静评价风险和回报，这是他作为多年习惯一直坚持的。成为财政部长后也贯彻这种风格，在对1990年代后期发生在南美、亚洲、俄罗斯的金融危机进行处理时，也是这样作的决策。

信息越多，越与好的决策相连。因此，提炼出包括反对意见在内的尽可能多的因素，导出最好的决策，这是领导者重要的职责。

将想法记录于商业计划并共享

从第一章到第四章，我对制作的商业计划的内容进行了简单、通俗易懂的解说。这是开始新事业时对外的武器，也是为了掌握方法进行理论武装的实践书。如果能用本书解说的方法进行理论武装，那么就一定可以大大提高说服力，得到对方的认可。

但是，实际上我在制作商业计划过程中的大发现是"记录了实现理想的方法论的商业计划，召集而来的不仅是132亿日元资金，还有工作中不可缺少的伙伴们"。现在的LifeNet生命不仅因为金钱，还因为召集而来的人们，使得公司和事业一点一点在成长。因为有这些伙伴们，我才能作一个好领导并得到了成长。

现在，这个商业计划不仅是我一个人的，对公司来说也是无可替代的宝藏。

本书开头也有论述，风险投资无法以个人达成。开端的契机，即使是个人的志向，那么如果不能通过共鸣凝聚更多的人，共享热情，提炼逻辑，那么事业的成功也是十分困难的。凝聚更多的人，事业才能走向成功。

主动去创造适合自己的职业

在哈佛商学院的全部课程结束时，深刻思考了今后的人生想要如何度过，为什么而工作这样的问题。成为契机的是一个介绍 6 名毕业生 10 年后、20 年后样子的案例。毕业时意气风发的人们有一个共同之处是经过数十年的岁月，大部分人的人生都与毕业时的预期不同。生了有残疾的孩子，转以自由写作为业的女性。

埋头于小餐饮业，后悔没有陪伴家人的男性。顺利进入保险公司，却与丈夫死别的女性。不断兴办公司不断破产，并经历了两次离婚的男性。重视育儿而辞掉全职工作，在医院相关的调查业务中打零工的女性。以及在知名投资银行工作顺利，家庭圆满的男性。

起点相同，而大家似乎都被超越自己力量的命运吞没，每个人的人生都不同，这一事实就摆在眼前。即使剥夺幸福的变故降临，也被一种精神所鼓舞，必须坚强活下去。

实际的毕业生的人生，不是年轻学生容易描绘出的"在有名企业中的成功故事"，而是更加混沌的，其中的幸福和成功是在多种意义上的。思考自己10年后想变成怎样，日常的行动、决策也会跟着改变。波澜万丈、丰富多彩的人生，和安定没有刺激的人生相比，自己会选择哪个？对自己来说，"成功"是什么？这令人深思。

说到底，能够实现什么，自己的职业就可以称为"成功"了呢？大家对这个问题，可以充满自信地回答吧。相反，对此问题无法回答，没有自己应该面向的目标而度过每一天，难道不是就像没有罗盘出海而随波逐流一样吗？

关于并不只是工作顺利与人生的"成功"相联系这一话题，我从以《变革的困境》（翔泳社）而著名的克莱顿·克里斯坦森教授那里听到过充满启示的论述。先生的友人，工作是做生活顾问，顾客是死期将近的经营者。他说在弥留之际，没有一个人会说"再多做点工作就好了"。大家挂在嘴边的都是后悔"再多花时间陪伴家人就好了""再多花一些时间在自己身上就好了"。

在社会上被当作成功者的人们，说如果再重过一次人生，想要选择不同的生活方式。这迫使今后想要拼命工作的MBA毕业生们，要有长期的视点。当然，如果年轻时没有不顾一切的工作，给自己加压，就不能在商务人士的道路上得到更大的成长。但必须时常明确意识到前面要追求的到底是什么，这是非常重要的。

我自己也在 MBA 留学时，频繁进行了一些像大学生时代一样幼稚的争论。自己想如何去生活？

我的回答是"想在社会上留下足迹"。在学生时代，我想过"人生只有一次，而且短暂易逝。这样的话，如果能多给予别人影响，不是可以作为自己在此世间确实存在过的证明吗"。

我至今换过几次工作，现在回顾起来，好像选择职场的条件一直是一样的。

第一，一起工作的伙伴非常有魅力。在各行各业工作，我想比起"做什么"来说，"和谁一起工作"对每天充实感和满足感更能产生深远的影响。与不合拍的人一起做有趣的工作，还是与气氛融洽的伙伴一起做平凡的工作？我认为一定是后者更好。

第二，做有社会意义和自己相信的工作。换句话说，就是"想在社会上留下足迹"。原本工作就不分贵贱，所有工作都具有社会价值。重要的是，自己能否怀有巨大的自豪感去工作。

第三，寻找能够发挥自己独有的个性和强项的工作。谁都有与众不同的成长和经历、感性和才能。在好不容易只有一次的人生中，不做能被取代的工作，而是选择能够最大限度发挥自己独特才能的职业。

构筑"自己"这个品牌

对关于自己职业上的战略思考，与对事业的思考一样，出乎意料的难。在哈佛商学院的领导力课程中最后学到的是"管理你的职业"，战略性构筑适合自己的职业。

比如，我从 BCG 前辈那里学到"竞争战略的本质是去往竞争少的地方。但在自身的职业上，大家都成群结队涌向人气行业和人气企业。自己在顾问工作中，如果早一点将大家避之不及的行业特化，就能构筑起自己独特的位置。"

这句话从未离开过我的脑海。确实，大部分人希望到就职人气排行在前的企业工作。难道不是应该去寻找别人不能做而只有自己能做的工作吗。在寻找战略性优势地位这一意义上，难道不是应该考虑去不在人气排行中的企业工作吗。

我选择生命保险行业的理由之一也在于此。比起 MBA 毕业生蜂拥而至的行业，我想在雄心勃勃的 MBA 人士较少的行业，相对来说机会更大。

哈佛商学院教给我们"创造自己的'董事会'"。寻找几位能够守护自己成长的前辈，让他们定期检查自己成长和职业的进展。确实，在我职业的关键点，得到了可以称之为"良师益友"的前辈们的建议，并被极大地激励着。我想谁都有以某种形式与前辈商谈过，但有没有把它"体系化"，这是很重要的吧。

关于作为商务人士的成长，我想以 MBA 为象征的社会人的学习和成长，就如同在健身房一样。比旁边的人跑得快，举的重，这样相对的排序是没有意义的。也并非每一天都能看出什么不同的成果。但每天踏踏实实的持续细小的努力，一年后就会比曾经的自己跑得稍微快一点，或者距离远一点。重要的不是与他人相比，而是比起昨天的自己确实变得更强了。

而在人感觉不到"痛苦"的负荷，就得不到成长这一点上，也是类似的。比如，世间到处都是"提高工作的生产性"这样的书，但并不是只要读了这本书就能做好工作。像高考生一样通宵达旦的读书，冥思苦想、刻苦总结，这与在健身房一样，不持续忍耐高负荷的状态，就得不到有意义的成果。

在这一点上，想向年轻人传达的是，本就没有"快乐的工作""无聊的工作"这样的区别。有的只是"能否快乐地去做被给予的工作"。读在工作上取得成功的优秀人士的自传就能发现，大部分人在年轻时候都做过看上去很朴素的工作。他们没有抱怨不平，而是将其当作最高级的工作，学到了很多东西。这使他们得到好评，并在后来被委任复杂的工作。

律师或战略顾问、外资系金融、大众传播行业、综合商社①等、这些被认为看上去很华丽的工作，在实际中，工作都是很单纯的。如果对现在的工作感到不满而想向其他行业转职，不要"这山望着那山高"，而是应该从120%的投入到眼前的工作开始。

进一步来说，早早发现自己的强项和专业，怀有"一技之长"是非常重要的。在这一点上，哈佛商学院的前辈冈岛悦子所著的《卓越人才的人脉力》（东洋经济新报社）中所写的"贴标签"这一概念可供参考。

比如，像被评价为"A是擅长××的人""这个事你可以问他"这样，为自己贴上专业的"标签"非常重要。

提起这个概念想起了被叫作"养老金先生"的众议院议员长妻昭。他出身于《日经商务》杂志的记者，并非是养老金问题的专家。但在追究养老金问题的过程中一举成名，并跃居党内要职。

---

① 综合商社，是指日本很大的综合贸易公司。

　　我自己也是这样。因为回国后马上开始了关于投资基金的连载，所以当时因是"熟悉投资基金的岩濑"而接受了各种采访，并以此为契机，拓展了各种工作。无论是什么细枝末节也都没有关系，甚至可以说范围越狭窄，成为权威也就越并非难事。自己怀有"金刚钻"，就可以创造自己的品牌。

与其寻找适合自己的工作，不如踏实做好眼前工作

我通过 MBA 感受到的最重要的事情是，职业就像是乘火车横跨大陆的漫长旅行。重要的并不是早一点到达目的地，而是在旅途中慢慢通过车窗眺望风景、听到的声音和外面的风景以及与当时在场的人的对话，享受其中的点点滴滴，这才是旅程。

职业也是同样的。我年轻时，想早点成为经理人，想早点去留学，反正就是想要向下一个阶段前进的心情很迫切，总觉得自己是在途中。于是常常感到自己是不安定的存在，无法得到 100% 的满足。但如果以快点到达目的地为目标，那么即使到达了目的地，却又必须寻找下一个目的地，这是无休止不满足的人生。

但现在，我的想法改变了。不是要到达哪里，而是向着那里，即使迷惑，即使挣扎，这种一步一步地向前迈进，正是职业所在，正是人生所在。就像将生命保险公司发展壮大这种超长期的事

业，我很享受构筑这个事业过程中的每一个瞬间。

也许马上就会结束，仅此一次的人生。我想要好好品味。由此，可以重拾内心的平静。

原本人就不存在"天职"，追寻自己想做什么的过程本身就是职业。倡导持此主张的"Planned Happenstance Theory"（计划偶发性理论）这一新职业观的是斯坦福大学的克朗伯兹教授。我回顾自己的历程，对此大为赞同。

哈佛 MBA 中，被称为世界精英的人们都很烦恼。自己想做什么，天职是什么。但无论多迷惑也得不出答案。能做的，只有眼前的事情。

认清最终的目标了吗

优衣库的柳井正社长说"经营就像从最后一页开始读小说"。是先具体设定"有什么"，然后向上追溯。

个人的人生也是一样，比如考虑到自己 60 岁时想要什么样子，那么现在的自己的想法也会改变。

现在的我的目标是"在 60 岁时与 30 岁左右的年轻商务人士一起挑战新的事物"。这是由现在我自己与 60 岁的伙伴一起进行风险投资而带来的大影响。

一般情况下 60 岁是要开始退休生活了，而与年轻的商务人士一起挑战新事物，这不是很浪漫的事情吗。这能使人变得闪闪发光。

那么，怎么才能做到呢？在 60 岁时能成为年轻人愿意交往的有魅力的人。而从现在开始，我会与比自己年轻的人加强交流。

后　记

　　"想创业，但没有好的创意"

　　经常听到这样的声音。但这只是偶尔的想法。我们以日进斗金的风险投资为目标，期待"全垒打"，难道不是考虑的过于复杂了吗？如果首先以创业为目的，踏踏实实的去"安打"，身边就会充满商务创意。

　　这样想的契机是在留学中考虑要不要进入风险投资界时，妻子所说的话。在某个小城市商店街长大的妻子这样说道"我家是自营商店，小学的同级生同学家也都在商店街经营面包店、日式煎饼、玩具屋或者汽车经销商的。因此对我来说，自己做生意没什么特别的，不是什么了不起的事，也不是什么高风险的事。只不过是一种原始的职业形态。"

　　此话令我茅塞顿开。

　　也就是说，本文中也有论述，不是以现在的自己"能做什么"，而是从"什么是世间所谋求的"出发并付诸行动，那么"人才、物品、金钱"之后都会随之而来。

现在的日本，不景气的市场环境严峻。其要因有各种各样，而其中之一是像在 2005 年前后兴起 IT 风险投资热潮时一样，现在的风险投资商务热潮有所缩小。没有新产业兴起的国家，形势每况愈下。

本书如能使你发现与创业之命运相逢的契机，成为拥有自己公司的最初一步，则是作为作者的我无比荣幸的事情。

最后，感谢在《THE21》（PHP 研究所）连载时起，就对时常拖稿的我不断激励的石田沙耶香先生、木南勇二先生。

也谨以此书献给一直朝着梦想一起努力工作的 LifeNet 生命的大家。

岩濑 大辅